海上絲綢之路基本文獻叢書

海防經略纂要

〔清〕章鑰 撰

文物出版社

圖書在版編目（CIP）數據

海防經略纂要 /（清）章鈅撰． -- 北京 : 文物出版社，2022.6
（海上絲綢之路基本文獻叢書）
ISBN 978-7-5010-7520-1

Ⅰ．①海… Ⅱ．①章… Ⅲ．①海防－軍事史－中國－明清時代 Ⅳ．①E294.8

中國版本圖書館 CIP 數據核字（2022）第 064233 號

海上絲綢之路基本文獻叢書

海防經略纂要

著　　者：〔清〕章鈅
策　　划：盛世博閱（北京）文化有限責任公司

封面設計：鞏榮彪
責任編輯：劉永海
責任印製：張　麗

出版發行：文物出版社
社　　址：北京市東城區東直門内北小街 2 號樓
郵　　編：100007
網　　址：http://www.wenwu.com
郵　　箱：web@wenwu.com
經　　銷：新華書店
印　　刷：北京旺都印務有限公司
開　　本：787mm×1092mm　1/16
印　　張：13.25
版　　次：2022 年 6 月第 1 版
印　　次：2022 年 6 月第 1 次印刷
書　　號：ISBN 978-7-5010-7520-1
定　　價：92.00 圓

總緒

海上絲綢之路，一般意義上是指從秦漢至鴉片戰争前中國與世界進行政治、經濟、文化交流的海上通道，主要分爲經由黄海、東海的海路最終抵達日本列島及朝鮮半島的東海航綫和以徐聞、合浦、廣州、泉州爲起點通往東南亞及印度洋地區的南海航綫。

在中國古代文獻中，最早、最詳細記載『海上絲綢之路』航綫的是東漢班固的《漢書·地理志》，詳細記載了西漢黄門譯長率領應募者入海『齎黄金雜繒而往』之事，書中所出現的地理記載與東南亞地區相關，并與實際的地理狀况基本相符。

東漢後，中國進入魏晋南北朝長達三百多年的分裂割據時期，絲路上的交往也走向低谷。這一時期的絲路交往，以法顯的西行最爲著名。法顯作爲從陸路西行到印度，再由海路回國的第一人，根據親身經歷所寫的《佛國記》（又稱《法顯傳》）一書，詳細介紹了古代中亞和印度、巴基斯坦、斯里蘭卡等地的歷史及風土人情，是瞭解和研究海陸絲綢之路的珍貴歷史資料。

隨着隋唐的統一，中國經濟重心的南移，中國與西方交通以海路爲主，海上絲綢之路進入大發展時期。廣州成爲唐朝最大的海外貿易中心，朝廷設立市舶司，專門管理海外貿易。唐代著名的地理學家賈耽（七三〇～八〇五年）的《皇華四達記》記載了從廣州通往阿拉伯地區的海上交通『廣州通夷道』，詳述了從廣州港出發，經越南、馬來半島、蘇門答臘半島至印度、錫蘭，直至波斯灣沿岸各國的航綫及沿途地區的方位、名稱、島礁、山川、民俗等。譯經大師義净西行求法，將沿途見聞寫成著作《大唐西域求法高僧傳》，詳細記載了海上絲綢之路的發展變化，是我們瞭解絲綢之路不可多得的第一手資料。

宋代的造船技術和航海技術顯著提高，指南針廣泛應用於航海，中國商船的遠航能力大大提升。北宋徐兢的《宣和奉使高麗圖經》詳細記述了船舶製造、海洋地理和往來航綫，是研究宋代海外交通史、中朝友好關係史、中朝經濟文化交流史的重要文獻。南宋趙汝適《諸蕃志》記載，南海有五十三個國家和地區與南宋通商貿易，形成了通往日本、高麗、東南亞、印度、波斯、阿拉伯等地的『海上絲綢之路』。宋代爲了加强商貿往來，於北宋神宗元豐三年（一〇八〇年）頒佈了中國歷史上第一部海洋貿易管理條例《廣州市舶條法》，并稱爲宋代貿易管理的制度範本。

元朝在經濟上採用重商主義政策，鼓勵海外貿易，中國與歐洲的聯繫與交往非常頻繁，其中馬可·波羅、伊本·白圖泰等歐洲旅行家來到中國，留下了大量的旅行記，記録元代海上絲綢之路的盛況。元代的汪大淵兩次出海，撰寫出《島夷志略》一書，記録了二百多個國名和地名，其中不少首次見於中國著録，涉及的地理範圍東至菲律賓群島，西至非洲。這些都反映了元朝時中西經濟文化交流的豐富内容。

明、清政府先後多次實施海禁政策，海上絲綢之路的貿易逐漸衰落。但是從明永樂三年至明宣德八年的二十八年裏，鄭和率船隊七下西洋，先後到達的國家多達三十多個，在進行經貿交流的同時，也極大地促進了中外文化的交流，這些都詳見於《西洋蕃國志》《星槎勝覽》《瀛涯勝覽》等典籍中。

關於海上絲綢之路的文獻記述，除上述官員、學者、求法或傳教高僧以及旅行者的著作外，自《漢書》之後，歷代正史大都列有《地理志》《四夷傳》《西域傳》《外國傳》《蠻夷傳》《屬國傳》等篇章，加上唐宋以來衆多的典制類文獻、地方史志文獻，集中反映了歷代王朝對於周邊部族、政權以及西方世界的認識，都是關於海上絲綢之路的原始史料性文獻。

海上絲綢之路概念的形成，經歷了一個演變的過程。十九世紀七十年代德國地理學家費迪南・馮・李希霍芬（Ferdinad Von Richthofen，一八三三～一九〇五），在其《中國：親身旅行和研究成果》第三卷中首次把輸出中國絲綢的東西陸路稱爲『絲綢之路』。有『歐洲漢學泰斗』之稱的法國漢學家沙畹（Édouard Chavannes，一八六五～一九一八），在其一九〇三年著作的《西突厥史料》中提出『絲路有海陸兩道』，蘊涵了海上絲綢之路最初提法。迄今發現最早正式提出『海上絲綢之路』一詞的是日本考古學家三杉隆敏，他在一九六七年出版《中國瓷器之旅：探索海上的絲綢之路》中首次使用『海上絲綢之路』一詞；一九七九年三杉隆敏又出版了《海上絲綢之路》一書，其立意和出發點局限在東西方之間的陶瓷貿易與交流史。

二十世紀八十年代以來，在海外交通史研究中，『海上絲綢之路』一詞逐漸成爲中外學術界廣泛接受的概念。根據姚楠等人研究，饒宗頤先生是華人中最早提出『海上絲綢之路』的人，他的《海道之絲路與昆侖舶》正式提出『海上絲路』的稱謂。選堂先生評價海上絲綢之路是外交、貿易和文化交流作用的通道。此後，大陸學者馮蔚然在一九七八年編寫的《航運史話》中，使用『海上絲綢之路』一詞，這是迄今學界查到的中國大陸最早使用『海上絲綢之路』的人，更多地限於航海活動領域的考察。一九八〇年北京大學陳炎教授提出『海上絲綢之路』研究，并於一九八一年發表《略論海上絲綢之路》一文。他對海上絲綢之路的理解超越以往，且帶有濃厚的愛國主義思想。陳炎教授之後，從事研究海上絲綢之路的學者越來越多，尤其沿海港口城市向聯合國申請海上絲綢之路非物質文化遺産活動，將海上絲綢之路研究推向新高潮。另外，國家把建設『絲綢之路經濟帶』和『二十一世紀海上絲綢之路』作爲對外發展方針，將這一學術課題提升爲國家願景的高度，使海上絲綢之路形成超越學術進入政經層面的熱潮。

與海上絲綢之路學的萬千氣象相對應，海上絲綢之路文獻的整理工作仍顯滯後，遠遠跟不上突飛猛進的研究進展。二〇一八年厦門大學、中山大學等單位聯合發起『海上絲綢之路文獻集成』專案，尚在醖釀當中。我們不揣淺陋，深入調查，廣泛搜集，將有關海上絲綢之路的原始史料文獻和研究文獻，分爲風俗物産、雜史筆記、海防海事、典章檔案等六個類别，彙編成《海上絲綢之路歷史文化叢書》，於二〇二〇年影印出版。此輯面市以來，深受各大圖書館及相關研究者好評。爲讓更多的讀者親近古籍文獻，我們遴選出前編中的菁華，彙編成《海上絲綢之路基本文獻叢書》，以單行本影印出版，以饗讀者，以期爲讀者展現出一幅幅中外經濟文化交流的精美畫卷，爲海上絲綢之路的研究提供歷史借鑒，爲『二十一世紀海上絲綢之路』倡議構想的實踐做好歷史的詮釋和注脚，從而達到『以史爲鑒』『古爲今用』的目的。

凡例

一、本編注重史料的珍稀性，從《海上絲綢之路歷史文化叢書》中遴選出菁華，擬出版百册單行本。

二、本編所選之文獻，其編纂的年代下限至一九四九年。

三、本編排序無嚴格定式，所選之文獻篇幅以二百餘頁爲宜，以便讀者閱讀使用。

四、本編所選文獻，每種前皆注明版本、著者。

五、本編文獻皆爲影印，原始文本掃描之後經過修復處理，仍存原式，少數文獻由於原始底本欠佳，略有模糊之處，不影響閱讀使用。

六、本編原始底本非一時一地之出版物，原書裝幀、開本多有不同，本書彙編之後，統一爲十六開右翻本。

目録

海防經略纂要

海防經略纂要

二卷

〔清〕章鑰　撰

清乾隆十八年刻本

我
朝累洽重熙德威遐播薄海內外罔弗歸誠大洋中商舶往来帆
檣寧謐前江蘇巡撫顧公具奏沿海防禦事宜奉
旨飭行查議葢兵可百年不用不可一日不備當此海不揚波之日
綢繆未雨誠久安長治之道也歲在丁巳咸寧黃公署嘉定縣
篆奉檄查議併訪取前明備倭經畧諸書余在幕中旁搜博采
得經世一編惜多殘缺又得前邑宰上虞楊公名旦者禦〻
議稿本亦蠹蝕不全雖曾編次繕送尚憾略而未備〻
秦州趙公先於癸亥歲宰寶山寶即嘉定分縣沿〻

會輯分縣新志屬余總理其事余為悉心纂輯閱歲告、
之地皆經親歷特所志僅一邑故語焉未詳憶巳未渡
西過通州極目縱觀而知海之廣且大也得明總戎繼光戚公
在溫台備倭時所著紀効新書其中戰守之術訓練之法與風
日之占驗燦然具備併另攷載籍繪圖析註咸為節輯藏諸篋
中歲巳巳遊太倉沿海要區城中潮汐往來至庚午遊毘陵雲
間兩郡併悉其地沿江連海之險要均有防禦偶縱談形勢
採輯之事良友之見知者促出鐫以公覽攷余以海濱自廣
樂會縣接安南界起廻環曲折以抵朝鮮延袤萬里止據目

彙集未免掛一漏萬什襲若又數年矣壬申冬允海寧陳公之招獲遊如學案牘公餘閱輿圖邑志知宋時范文正公所築防海之隄抵護颶濤保全生靈實多竊思完固海岸者所以禦水勢而經理海防者所以壯軍威其功相等其事倍難則余所採輯雖未盡詳但就向所經歷按控扼之勢如碁布而星羅定制勝之策若燭照而數計自險要軍制以及舡械占候之事已若列眉則余所未歷可以類推蓋天時地利人和三者咸寓於中即胸羅萬卷學深韜略者其能外此而求防禦之道乎夫前事之不忘後事之師也顏之曰海防經略纂要分卷付梓以供究

心經濟者携帶之便併慰良友之屬望焉

乾隆十八年歲次癸酉十月　日章錀識

海防經略纂要目錄

洋山
倭情風汛
朝鮮高麗交趾安南界略
廣東險要
福建險要
浙江險要
兩浙鑛山
往日本針路
潮候

論三星搖動

占海

行舡占日月星雲風濤

水戰 偹具訓練

江南沿海墩臺營汛

江南下聯浙江福建廣東上接山東天津遼陽沿海通界

海防經略纂要卷上

會稽章鑰鳴山輯　壻金義方燕山　男嶶源自嶶校對

日本稱名

日本古稱倭奴其始有天材雲尊者都筑紫自號尊者尊者之子曰奇激自筑紫入都大和州海中諸夷倭最大西南至海東北大山其地形類琵琶地勢東高西下東西数千里南北数百里九州居西為首陸奧居東為尾山城居中為彼之都也國王世以王姓至漢桓靈間倭始冦亂史紀倭奴自漢始矣又曰徐倭者徐市以童男女入海

託云求藥止王夷亶二州於是有徐倭之稱其曰日本則自唐咸亨初入賀平高麗稍習華音醜倭奴名更以日本葢其國依東隅近出日取以為義也又考世紀自漢以來皆習佛如佛稱世尊其主亦稱尊所謂奇激尊者是也至奇激之子更僭稱神天王

歷代通中國大略

漢武帝滅朝鮮倭奴驛使始通光武中元二年奉貢朝賀自稱大夫賜以印綬魏景初二年平公孫淵倭奴遣難升米等詣闕朝献乃賜金印紫綬封為親魏倭王此中國封王之始正始八年倭女主卑彌呼與狗奴國相攻殺來告急遣椽史張政賫詔往諭之此中國通使

之始唐天寶中倭王孝明遣使入貢是時新羅為高麗所暴故貢使不敢由新羅入山東界乃南由明越州即今之寧波此入明越州之始宋雍熙元年倭王守平遣僧大周然獻銅器及日本圖年代紀一卷明年附臺州商舶而歸此浙人通舶之始

明朝因貢為寇大略

洪武四年倭國王良懷遣僧祖朝貢七年復貢以無表文却之十五年遣僧歸廷用來貢因其與胡惟庸為奸却其貢發僧陝西四川各番寺安置詔絕之不與通至三十五年復貢勅令十年一貢給與勘合百道為驗使人無過二百永樂初招徠四夷名其國之山曰壽安

鎮國山爲製文勒石自是或二三年五六年貢無定期所至守臣奏請俯順夷情輒報可正德四年倭之南海道細川高國遣宋素卿貢素卿本寧波人背棄中國勾引外夷正德年間冒貢爲奸將置重典貪緣逆瑾幸逃天刑嘉靖二年國王源義植幼不能制國於是西海道遣宗設謙導等南海道遣人佐宋素卿等各稱貢舶寧波互相誣毀遂至弄兵相殺爲地方大禍此入貢之大略也洪武二年寇山東並沿海郡縣又寇淮安五年舡二百艘寇掠樂清縣十六年舡十八艘寇金鄉平陽殺官軍二十餘二十七年舡九艘寇小尖亭三十四年舡六艘寇蒲圻所永樂二年舡十八艘寇穿山所百戶馬飛與

被殺十年舡十一艘寇盤石衛十五年舡二艘寇沙園所千戶沈鍾被殺十七年寇馬雄島都督劉榮大敗之正統四年寇大嵩所入桃渚焚刦殺戮為甚此入寇之大略也嘉靖二年因宗設等兩道稱貢宋素卿交搆仇殺因殺總督都司劉景千戶胡源百戶劉恩指揮袁其被擄去此雖始於貢而終於殺掠尤甚於入寇者也

洪武禦倭方略

洪武五年初令浙福造海舟防倭六年以於顯為總兵官出海巡徼十七年召信國公湯和諭曰日本小夷屢擾東海卿雖老强為朕行視地要害築城增戍以固守備和沿海巡行築登萊觀海等城五十

有九民四丁取其一為戍兵以守之二十七年遣都督劉德商暠巡視兩浙防倭又勅魏國公輝祖安陸侯吳傑練兵浙海上由是觀之重武臣之選肇山海之哨築戍守之城廣斥堠之備以防於未然者洪武中之方略也

永樂禦倭方略

永樂初以倭屢肆剽掠遣禮部員外郎呂淵諭日本還所掠海上人十七年都督劉榮守遼東即相地形請於金緣島西北之望海堝築立城堡烟墩一日瞭言東南海島舉火翌日倭舡三十餘艘直抵馬雄島相屬蟻登徑奔堝上榮率精兵疾馳赴之設伏山下預遣裨將

領馬隊要其歸路步隊與之逆戰舉炮發伏寇敗奔入櫻桃園空堡各軍圍之俟其饑疲開圍一角寇走追斬之無得脫者先是倭出入海上自遼及閩浙無不被毒往一失機僨事及事擬寇患屏息夫始戒諭之不悛而後乃得一大懲創之用善謀之臣控要害之區運出奇之畫此永樂中之方略也

正統禦倭方略

嘗閱楊文懿公與張主客書欲革其貢市以杜患端其云正統中倭奴入桃渚犯大嵩刦倉庫焚室廬驅掠蒸庶積骸如陵流血成谷嬰兒縛之竿柱沃以沸湯視其啼號為笑樂捕得孕婦與其儕忖度男

女剖視之以中否為勝負負者飲酒荒淫穢惡至不可言民之少壯與粟帛席卷歸巢城野蕭條過者隕涕於是朝議下備倭之令命重帥守要地增城堡謹斥堠大修戰艦合浙東諸衛之軍屯駐海上分畨防範兵威振於海表倭夷潛伏邊得安堵則夫任帥增戍講武修艦大震聲靈乃正統之方略也

嘉靖禦倭方略

巡按御史歐珠王化等屢有海寇殺官巡掠之奏查照先年事例添設巡視浙江都御史假以督軍重權兼制隣境將磐石衛叛軍事情體訪明白其猖亂之人亟正典刑仍設法勦除海寇一應地方興革

重務悉付整理夫浙之先不設巡撫益以備禦周密海防寧靜倭夷
商貢稍遵約束謂可坐消氛祲耳嘉靖八年已得俞旨推選才望乃
復中輟迨值紛拏之際能不議與予所籍以節制藩服控揣蠻夷戢
伏奸萌振蕩虎旅使東南一面海不揚波是誠要務則殄除叛亂振
刷紀綱立重鎮於海堧揚軍聲於絶徼此嘉靖中之方略也

倭冦事體先後不同

倭患始雖遍於沿海一帶然止倭耳後華人習知海外金寶之饒夷
亦知吾海畔之人奸闌出入易與為市況復襍以商舶倭之来也矯
云求貢苟海防弛備即行刦掠且如閩廣群不逞之徒明越州得利

之家外交內詗為彼耳目奸雄最多就中觀望為去就是故處倭奴之策易處奸党之策難今各處搜緝固將防不測之變弭探望之群然其間或有思故鄉願歸順者一概禁絕非計之全莫若給以示諭開自新之途有歸順者或許發原籍或軍前效用如能潛報冦賊隱情者賞非為縱也與其甘為賊用不如使歸籍而牧為民似得招徠之方且以散其党而漸耗之也此與初招通海之徒為水軍正相類在揆策者審處而慎裁之耳

制勝之術貴於選將

夫兵非乏也將非缺也然謂之選則未也彼衛所之衆無非籍兵紈

誇之冑無非世將然有能伎藝畢給以服衆乎韜鈐素藴以制敵乎士卒撫練以同患乎人徒知其戎弁撫劍曰將是未為真將耳故能言如趙括弗可聽也輕舉如馬謖弗可用也必也精揀而耑任其豪已貴深貴沉而藏机不露其撫士有威有惠而訓餙咸宜其見敵知彼知己而進退合度又且有慎重之心無幸功之念有一體之義無專利之私得若人而將之所謂可勝不可敗者即驅市人猶可用也況加以素練之卒乎由是而後行伍必整餉饋必豐器械必利進止必嚴斯可次第觀成矣

事後之圖所宜蚤計

按倭奴之國孤懸海壖其地有五畿七道三島其山東等道田稍可耕或無藉於商賈南海等道網魚畋海興販為業不得不鶩於市舶其乘風駕艑天性然也楊文懿云倭奴奸詭載其方物出没海道而窺伺我得閒則奮戎器肆剽掠不得閒則陳方物稱朝貢是貢非其實心也假以為市也邊臣不察其計乃聽其貢雖不能如十年之期乃先朝入貢所定人数而苟幸無事輒與奏報許可地方供億實為勞擾誠如文懿所謂朝廷未納其貢而吾已先受其害故絶之又給事中夏言奏倭夷變詐兇虐不當與之通使是固然矣但夷物亦中國所需而苟隔閡華夷之情恐寇鈔之禍未已也莫若於選將勵兵

不肯出洋而責之小校水卒則亦躲避近港不肯遠哨是以賊惟不来來則登岸殘破地方則陸將重罪而水將旁觀矣臣竊觀崇明諸沙舟山諸山各相聯絡是造物特設此險以迂海賊入寇之路以蔽吳淞江定海內地港口也國初設縣置衛最有深意而沈家門分哨之制至今可考合無春汛緊急時月藉松兵備暫駐崇明寧紹兵備或海道內推擇一人暫駐舟山而總兵副總兵常居海中嚴督各總分定海面南北會哨晝夜揚帆環轉不絕其遠山必至洋山馬蹟賊若從某處海而深入登岸者該總首先坐之論其登岸多少以次罪及總兵又罪及兵備

道而止至於海中擊賊初至将領以奇功論已有事例惟軍士首級之賞尚未别白臣先具題擊來舡與擊歸舡不同擊歸舡真倭首級一顆給銀十五兩自合如故擊来舡真倭首級一顆合無量增銀十兩比陸戰首級尚少銀五兩已足便水卒感恩懷利盡死擊賊再照臣蒙聖恩遣視軍情臣雖不肖而此官之設切中机宜臣往来海中奉揚國威諸將不敢退縮近港旋有三扚之捷今臣雖轉任伏乞勅下吏兵二部詳議此官續設與否在京師諸官中差此一員官不足多少在海上加此一員官則甚有關係

一固海岸。照得賊至不能禦之於海則海岸之守為緊關第二義賊新至饑疲巢穴未成擊之猶易延入内地縱盡殲之所損多矣然自来沿海戍守莫不擁城觀望幸賊空過謂可免罪而不顧内地之殘破内地戍守亦幸賊所不到而不肯策應沿海今却不然宜分定沿海保護内地内地策應沿海沿海力戰損兵折將宜坐内地不能策應之罪内地殘破沿海幸免宜坐沿海縱賊之罪又如同是一樣沿海地方賊由寧紹登岸寧紹却不殘破而殘破温台賊由温台登岸温台却不殘破而殘破寧紹自来只坐地方殘破者之罪今却不然宜併坐賊所從入其沿海文武将吏有能連次鏖戰抵過賊鋒阻賊下舡不得登岸溺入者雖無首級以奇功論一准平倭事例如此則人知謹於海岸之守不敢幸賊空過以覬免門户常扃堂奥自安矣

一 圖海外臣所謂圖海外者如招敕逋逃宣諭日本二事既屢奉明旨平倭事例亦已開載矣而臣復申之逋逃不特如王鏊李華山洪廸珍等有名賊首力能搆倭為亂者而已以臣所親見三沙千餘倭子起自瓜州一被虜人馮三嗾其揚州取寶遂至閧然遠来馮三之在中國不啻一蟣虱及在島中却作此一番風浪雖旋就誅殛而流毒已多矣然則逋逃不歸東南誠未可

以息肩也至於宣諭日本則浙江軍門亦嘗請命遣使矣竟不能盡得其要領使者坐罪而其事遂罷嘗考平倭略所載洪武永樂間遣使日本者不一而足高皇帝又嘗與劉基議以倭國重佛特遣僧往諭古之王者於四夷之不貢不臣則有威讓之令文告之辭兵交使在其間以深得敵情而釁之切中其機也然自葉宗滿之坐重罪而逋逃欲自歸者不免自疑自蔣洲之得罪而人以使絕域為諱或宜減宗滿之罪以示信於逋逃之徒寬蔣洲之獄以開留使絕域詗敵情之一路臣又擬總兵官盧鏜手本內一款撫處夷情以尊國體開稱祖宗以來給與日

本金印勘合十年一貢舡不得過三隻人不得過百名既申遠
夷慕義之情遠夷亦得交易中國之貨以為利而中國亦以羈
縻遠夷使常馴服不為寇賊百餘年来自嘉靖二年宗設宋素
卿等爭貢仇殺貽害地方因而絕貢至嘉靖十八年正使碩鼎
等齎獻貢物并進表文伏罪荷蒙皇上擴天地之仁雖非貢期
復准入貢嘉靖二十六年正使周良等坐舡四隻復貢議者計
方九年之期有違事例徑自阻回從此貢路不通倭夷素性貪
詐利我中國之貨既不與貢期無復望矣因此遂被姦徒勾引
同列為寇不止則以偶蹉一年貢期阻回之故也為今之計乞

題請聖裁令行各衙門遵照今後夷人復來求貢果有真正表印勘合别無詐偽姑不計其限例就與奏請起送赴京譯審来冦之端勑彼國王令其查治悪逆欽戢屬夷使不敢再犯則倭夷知有貢路之可通而詭計自銷党類自除勾引之徒亦可漸縛矣鏜老将也三十餘年在海上熟曉夷情其言不甚妄乞勑部查議可行與否臣又聞先時陜西総制王瓊論西邊事以謂能絶其入貢之路不能絶其入冦之路今亦可借以為喻也

一定軍制自倭患以来東南軍制最為不定益以濟變未慮經久梟猾之徒方應募於江北忽應募於浙東方以得募價而留忽

以滿募限而去。譬如借債之人。主人不得而羈之。安得而練之。至於遠方無賴託名土兵報效希圖鹵掠群然麕至在此不由軍門之徵調在彼不由督撫之遣發坐費糧餉騷擾地方是以人人爭言調募不便而以練土兵為說夫土兵之練誠是也然土兵之數不足安得不募募兵不足以當賊鋒之銳安得不調如前時王江涇數千倭子乘勝西土非永保之兵力挫其鋒則何所不至矣為今之計合以練兵為實事以募兵為權宜以調兵為奇道。募兵則遠募不如近募調兵則多調不如少調募兵先儘本地方驍銳若浙江處兵江西沙兵之類其遠方驍銳應

江北江南浙江每處得七八萬兩民賦若足則別儲之一有蠲
欠即以處補此亦國民兩便之策也又查衙門原為大工緊急
解進贓罰多寡不等伏惟聖明軫念東南兵荒相繼萬狀艱苦
勑下工部查得大工銀兩漸彀乞暫將嘉靖三十九年浙直兩
處贓罰照數解與各軍門聽其處補軍餉以後年分自行解京
如故此外山澤莞榷之利有可興者合聽軍門從宜區處再照
供給軍餉係有司職掌有司自以不與軍事之罰往往視為不
干已事始則催徵不力繼則給發不時失悞軍機多由於此此
後若有仍前怠玩者自布政總司管糧道及知府以下聽督撫

諸臣從重叅劾庶幾有司各知干已不敢悮事矣

一復舊制。國初防海規畫至為精密百年以来海烽久熄人情怠玩因而廢隳廢國初海島便近去處皆設水寨以擾險伺敵後来將士憚於過海水寨之名雖在而皆自海島移置海岸聞老將言雙嶼烈港峿嶼諸島近時海賊據以為巢者皆國初水寨故處向使我常據之賊安得而巢之今宜查出國初水寨所在一一修復及沿海衛所原設出哨海舡額數係軍三民七成造者照舊徵價貼助打造福舡之用此一事與臣所謂禦海洋者相關舊制之當復者一也。國初沿海建設衛所聯絡險要令軍伍

募者亦須土人保任優其募價什伍聯束而歲畨上之不得自去自来如往時則募兵亦土兵也總督軍門歲調麻兵立為定額直隷幾千浙江幾千專為衝鋒之用聽川湖軍門精選發遣以憲司一員監督前来有不能衝鋒及騷擾地方者罪及監督則調兵可以制其毒而得其用也俟土兵訓練有成然後募調俱罷

一足軍食東南水陸兵糧往往有缺至一月不給者軍士萬里捐生日望數升之米而已而又不時給之生心讟語亦何足怪此有故矣浙江軍餉銀四十七萬兩江南五十餘萬兩江北一十

六萬兩其初皆筭兵而賦民原無贏餘若民間拖欠十數兩則缺卻一軍之食萬軍不能一軍空腹而萬兩不能銖兩無欠加之民賦有災傷減免而軍餉無贏餘處補宜其不能時給而生怨讟也古者軍興之費不盡仰於民多取之山澤鼓鑄筦榷商賈之利故前史稱不加賦而用足今民間搜括已盡無可處補而軍門亦無所謂山澤筦榷之利稍可處者惟有鹽法而已試舉一端如前時浙江巡鹽御史鄢懋卿小票事例歲亦可得銀數萬兩此皆不取之國與商而坐收贏利者也合無勅下戶部轉行督撫等官會同淮浙巡鹽御史委曲計議多方區處但使

空缺有一衛不滿千餘一所不滿百餘者宜脩查缺額之故而補足之其運糧班操等項原因海上無事撥借別用者可悉還之原衛所使自為守衛所之兵常足則他兵亦可不用此一事與臣所謂定軍制者相關舊制之當復者二也國初沿海衛所皆有屯田今埋沒故址而圖冊猶在宜按圖照冊盡數查出辦納屯糧及金塘玉環諸山膏腴幾萬頃皆古來居民置鄉之處今可墾為屯田設所戍守一以據險。一以因糧此一事與臣所謂足軍食者相關舊制之當復者三也國初浙福廣三省設三市舶司在浙江者專為日本入貢帶有貨物許其交易在廣東者則西洋番舡之輳許其交易而抽分之若福建既不通貢又不通舶而國初設立市舶之意漫不可考矣舶之為言利也譬之礦然封閉礦洞驅斥礦徒是為上策度不能閉則國收其利權而自操之是為中策不閉不收利孔洩漏以資奸萌嘯聚其人斯無策矣今海賊據浯嶼南澳諸島公然擅番舶之利而中土之民交通接濟殺之而不能止則利權所在也宜備查國初設立市舶之意毋洩利孔使奸人得乘其便此一事與臣所謂圖海外者相關舊制之當復者四也因舊時之寨因舊時之兵因舊時之糧因舊時之市舶一切紛紛之議可以省矣然其事

重大壞之已甚復之則難若能復之則經久之策也乞勅部詳議轉行督撫諸臣選差有才力憲司一員專營四事數年之後必有成功

禦倭疏　　章煥

倭患之熾其原不在於外中原之雄成為之謀主也土著之奸又為之嚮導也窮民為之役使也有是三者然後能深入長驅唯所適而莫之遏今軍興且四年矣庶務草創法守未明議論叢生事端瞀亂臣謹條其未定者八事古者兵將相習教戒素明乃可赴敵今軍門督撫分閫列旌下文武庶僚紛然衆建然皆空名有將無兵也將佐

襍居諸軍烏合加以南方素不知兵軍政久弛其視諸將弁髦也諸將之視郡縣傳舍也兵將之相視途人也如是則其赴戰兒戲也此統兵之制未定者一也夫將無號令與無將同兵無約束與無兵同故平時之節制即臨陣之紀律也今諸軍目不睹軍容耳不聞將令有急驅之不能猝集朝而遣日中不至晝而遣日晡不至臨陣而逃轉相剽掠或殺軍民報功甚者為賊內應陵夷既久漸成亂階因循則威嚴愈褻矯正則他釁易生此馭兵之制未定者二也調至土兵賊頗畏忌然亦獷悍難馴夫以苗攻倭猶以毒攻毒是在上醫國手劑量斟酌對症而攻病去即已今既無鼓舞之方復無調停之法事

急則倍賞以招侮勢緩則厭棄而生怨此調兵之制未定者三也分道募兵不按名籍游手無賴草竊亾命悉入彀中及至而茫無統紀聚散無稽多寡不問故募而来来而去去而無兵則又復募府庫罄竭道路繹騷終無實用此募兵之制未定者四也當始發難時臣嘗有言急集海上之沙民可無煩客兵衆論相持事機頓挫今壯士死於行陣頑民逸而從賊民氣破傷摧慘已極乃始欲用鄉兵散客兵此所謂倒行者也假令客兵已遣賊衆乘城鄉兵果可恃乎鄉兵難恃未免復徵客兵不惟緩不及事且恐重為客兵所侮此練兵之制未定者五也夫兵有營伍則耳目心志定而約束已行今襍處市廛

嬉遊里巷百貨之所欣艷侈俗之所侵淫遂令山東椎鈍變爲紈袴狼苗鄙野咸習歌舞精鋭消耎軍氣不揚淫蠱流行死亾枕籍此屯兵之制未定者六也古者行軍動衆必從枕席上過師故進能克敵而退可保軍今南方皆沮洳之澤萑葦之場狹斜之徑至於斷港危橋單舸片槳或褰裳而渡或泅水而遊動犯兵家之忌而領將乃不謹哨探不量虛實行無斥堠止無堅壁往往履危機墮狡計落坑阱而不悟此行兵之制未定者七也師行糧從强者主戰弱者主爨此軍制也今或臨陣而未食或食至而不均師行境外而食具城中設欲晨炊蓐食擐甲疾趨何以應之軍機盡洩士怨不平此養兵之制

未定者八也夫軍中之事有不可定者機宜變化因乎敵者也有不可易者規畫措置存乎我者也故將有專閫兵有常伍無事相習有事相隨則兵可統也秩其教令齊其法制範我馳驅是謂三軍之銜轡則兵可馭也踐更以示其信處置以服其心以諸邊節制之兵為之準調到狼土之兵為之輔則兵可調而用也所募之兵程其勇力而籍其家室守法者厚恤其私犯令而逃者有孥戮之禁至於鰥曠游民給其田廬與之配偶則縶其歸念而兵可募也以客兵為權宜以鄉兵為實用日省月試常如賊至勞來不怠甘苦必均則市人可為精兵耰鋤可梃利刃故兵可練也有營居故兵可聚而不可散有

行列故兵可散而不可亂賊所往来兵所出入有斥堠故兵可進也有堅壁故兵可退也有戰地有候人有諜者故兵可正可奇可疑可伏也給軍有制犒士有資弔死扶傷恤孤問寡有典故兵可飽可饑可生可死也信能行此八者而廟筭之勝我先得之矣夫禦倭之道来則拒之去則備之言戰不言守非完策也何者東南無重門阻隔無高山瞭望波濤滉瀁隱見難窺風帆迅疾頃刻可至不能預守是海壖之險賊與我共之者也臣聞賊遠来人持數日之糧抵岸多苦饑者賊之死命制與數步之内矣徒以海濱廪藏之富賊至而掩擄之因以為食既飽則所向無前乗人不備如使蓄積收斂野無所掠

此賊坐困之道也故議守者莫要於城堡城堡相望遠近相依賊少則不能攻賊多則所掠不足供所食賊不能持久破之必矣夫賊不能宿飽則不能深入不能深入則不能多獲不能多獲則来者無利而聞風者不来內地可不煩兵而守矣且瀕海皆膏腴美田宅廣樹蓄南方所謂樂土也為賊蹂踐民皆遠徙然其東向思歸之心豈有日夜忘哉有城堡則良民歸田野闢蓋非獨禦夷亦安邊足賦之具也且地方七八百里一縣賊至放兵肆刦一令終不足以制之疆里浩大禁防疎闊外為寇賊巢穴內為逋盜淵藪凡以壤地相隔聲勢不貫之故也試增置縣邑多設長吏使分地而守少民而治除器練

戎積餉繕堡無事則休養生息按堵而居有事則高城深池與民共守足以扼賊衝輯衆志此寓將於令寓兵於民之術也

應詔陳言以備安攘大計疏　康太和

近因倭患匪茹侵犯內地皇上軫念東南屢勤宵旰之憂臣觸目時艱幸逢明詔謹用條陳一二惟聖明裁擇

一屯要害倭夷由海月而来月小人多破之不難今登岸之後則倚穴為固遂不可制我師之所以禦之者以不曾裁之於海上而但攻之於巢穴此所以屢戰而不勝也即今在新場鎮地方雖云尚多而各處客兵四集殄滅之期庶幾可望惟是舊賊未

滅新賊又来則其禍蔓延未已也聞倭奴居海島與浙之會稽臨海相望大洋之中有三山鼎峙一名馬蹟一名天衢一名洋山倭奴之来必由馬蹟欲至寧波台温必由天衢欲至乍浦吴淞江口劉家河必由洋山而馬蹟尤為要衝岸可列寨水可泊舡合無擇武将諳曉水戰者二三人統之一屯馬蹟。一屯天衢。一屯洋山。以福舡為主。蒼山舡佐之。鷹舡為之哨望策應分番迭出。遠哨近攻。来則迎擊之。去則要絶之。如不能迎戰而縱賊內入。則照原分汛地坐以重罪。然舟師。水兵。必生長海島。識於風濤者。乃為可用。欲守天衢馬蹟必定海下八山之人可募也欲守洋山必海鹽海寧鹽徒或沙上之人可募也僱募之中又必隆賞格以固其心則人人自奮海上之倭可平而境上之倭將以次就戮矣前次督察軍務工部侍郎趙文華曾建議海攻亦已取勝但奉行者未及要害處耳又目前將官習於水戰莫過於俞大猷者更望稍加寬假責以成功則庶乎可濟矣

一練民兵。夫吴浙之兵皆曰客兵往来之擾害供億之煩難此民間受病第一也然非藉客兵則不能取勝蓋由鄉兵不曾訓練故耳聞各縣所募鄉兵縣官徒應故事有以瘦弱之人充數者有一人而頂二名者召募方集即驅應敵坐作進退之節茫然不知是無異驅群羊以格猛虎欲不敗難矣近時如平湖知縣劉存義武進知縣萬民英海鹽知縣鄭茂皆能訓練民兵以身督戰賊不敢犯合無責成守令令於挑選之時務得精壯勇悍之人多方召募縣官親自校閱擇其尤者加以月糧使之以一數十以十數百或習長鎗或習弓弩或用火攻什伍成列左右少哨各有成法有違之者重治以罪以後吏部於近海州縣遇有陞賞必擇矯勇之才撫按以鄉兵之練定其課最行之既久則人皆用命家自為兵分番召用而客兵之調可以漸省矣或曰今賊在境上攻擊不暇何暇練兵不知三年之艾自今畜之

猶或可及不然各處客兵住久師老財費力具不支恐中國先自困矣

一固防守設險守國古之明訓故凡邊方之地縣必有城鄉必有堡斥堠聯絡烽燧相望至防秋之時則又收斂人畜堅壁清野使虜人無所得誠有見於城郭溝池民之所恃以為固也今江南財賦淵藪民多散居田里如直之羅店閔行浙之塘西硤石等處廬宅連雲可當近邊二三縣緣無藩垣屛翰之備以故賊一突至長驅深入如履無人之境今近海無城縣治已行繕築惟立堡一節尚未能行而鄉居富室亦不以為意蓋惡勞惜費

僥倖於賊之不來倉卒變生悔之無及今當督行有司申諭鄉民以禍福利害之大醵財鳩工依險立堡自為防守之計如力有餘能為北方看家樓者許依式起造以便瞭望其應用弓弩火器鎗銃之類並令預備所估堡基糧稅官為豁免俟雉堞既完團聚既集則保甲之法亦便舉行比隣族黨互相守護關隘譏察難於隱藏而有備在我賊自不得以乘吾之虛矣

一寬委任夫古之任將也推轂分閫凡以重其事權專其信任寬其文法乃能成功故李牧在雁門趙充國之困先零皆以持經久乃克有濟今之總督巡撫權非不重也然勝敗兵家之

雖古名將不能免要在究竟成功如有少挫尤當養威持重以圖後舉不宜遽以文法繩之若一年數易則倉卒周章人懷疑惧欲展布難矣今宜假以歲月寬其文法責以成效小小利鈍姑置勿論積久無功乃治以罪則庶乎人得展布而功可成至於職掌所在則戰陣之責又在總兵參將諸臣此輩世受國恩義須效死但當精選曾經戰陣之人分屬以兵假以事權使之休暇之時朝夕訓練務期兵識將意將識士心威信素孚則臨陣之間乃可得其死力若今日受兵明日授戰所謂驅市人以戰有不走耶若軍中機宜出奇設伏用間用諜則兵常形幾無

定在要在當事者酌而行之未可以預擬也

獻末議靖醜夷疏　張水南

臣江陰人籍江海之濱沐浴聖化煦嫗嬉遊素不經兵革危事比者守衛不謹致被倭奴突入中壤前年犯東浙比年犯蘇松犯常之無錫江陰靖江三縣殺人如麻流血積骸動若川阜焚劫室廬半為煨燼焦土仰惟皇上軫念黎元不遑旰昃每勤詔書大勵將士豈不欲得授鉞之貞臣死綏之猛士戮力討賊以靖東南之患哉連三四年而大禍未解窮數十州縣而內地將墟豈臨事者未明後先之着而戰守之異議也臣聞禦寇之道貴識動靜之機動為用兵靜為持重

應動而靜則養寇以滋禍。應靜而動則失時而罔功。動靜中節。緩急應機。斯可以執俘馘而奏成功。輯疆宇而寧億兆也。典籍所載。自漢以來。衛侯馮奉世。大將軍趙充國。酒泉太守段彭等。擊沙車。擊先零擊車師。莫不傳首長安。降衆至萬。是後將軍衛温浮海伐夷洲。獲其衆三千。虎賁郎將陳稜。又嘗浮海伐琉球。拔其城數十。當是時。皆身蹈大洋。帆風鼓濤。洶湧猶顧。士抱强努而前。莫不誓死。卒能誅其國而虜其人。我國初江陰侯吳良鎮江陰。猝聞倭寇至江上。即躍馬出城。大斬首而還。其後聞風不敢近。永樂間都督劉江鎮遼東。有倭賊數十艘直逼望海堝。江令伏兵山下。陰率壯士潛燒賊舡。截其歸路。

侯舉炮發伏大擊賊死者不可勝數其幸脫者奔竄桃園空堡一時沿海千有餘里民獲乂安此皆往事之可考也臣不敢謂以遠討為功也賊在內地糜戰而言則又非也臣姑以江陰危難身所經者言之自甲寅乙卯纔兩歲耳賊凡三至村鎮有名之家無不發其蓋藏男女死者無筭小民瓶罍之儲茅茨之蓋鮮一存者危堞孤懸兀然江滸處處烟生夜光晝赤皆為賊火守城之吏哀痛而計無所施竟以身死請兵救援文移往來又多緩不及事臣愚謂自大勢而言其為賊巢在蘇松之界曰柘林曰七團八團曰三丈浦盤據既久廸以成蛇非合兵大擊之多方設伏圖之不可也是故戰者必然之勢也

當戎事者苟懼大軍之罰而過為身謀自為持重不肯輕戰是因噎
而廢食也民生安危係於呼吸戰可已乎自流刦而言其為賊顆在
沿海小邑多者千餘人少者四五百人屯聚一處曉起四散抄掠又
於數十人之中分為四五路賊少而易圖的然可見者也拒之以鄉
邑之兵足矣但人心畏賊聞其銛鋒淬鍔雙舞而至則縮頸而股栗
是不能拒賊者失之於畏而非鄉兵之力有不足也是故預養而素
習者守之道也兇殘未殄不可以忘戰禍患既平計安環堵斯可以
言守刑政之不修戎兵之不詰臣工之不夙夜而欲求隅之無警得
乎仰惟皇上神聖功化遠符堯舜而勇智天錫邁蹟商王惟明惟畏

日月在天雷霆在震何有於樸樕之小醜哉臣激切危忱謹列五事
上塵聖覽
一曰選將帥兵法有曰興師十萬出征千里百姓之費公家之奉
日費千金而敵情之不審不仁之至也故三軍之事莫要於用
間間者三軍之司命也臣因考宋太宗時其選將備契丹備河
東備西羌不過李漢超郭進等十四人而備邊之兵亦不過萬
人而止其為將者率皆竭盡謀慮購死力之士深入賊中刺其
陰計動靜舒息莫不畢曉賊一至即先周知之故其所備者寡
而設伏掩擊兵力常勝賊至皆無得而有喪今東南沿海之邑

将官擁衆而至旌旄揭揭豈不謂多但不知所以為計賊聚則畏其勢大而難圖及兵大集而賊又四出是賊能持我之短長而我不能致也况各該将官兵既分隷而事權不專勇怯襍用而貪功忌能空言寡實之人互懷其私不肯合胆併力苟一失利則謂賊多兵少凡前世用兵以少為多今時用兵至於以多為少得失相懸奚啻萬里宋人王禹偁亦曰兵威不振其由安在所蓄之兵冗而不盡銳所用之将衆而不自專恩威法令未有以駕馭之也臣故謂兵不在多惟在得一良将擇将者司馬之事而賞罰者人君之太柄用間設伏修古人之成法中時事

之機宜。則又將官之事也。嚴核功罪大勵人心則自賞罰始。
二曰修團結。按宋兵制選於戶籍出於應募。團結訓練。謂之鄉兵。
臣姑自江陰一縣言之三百七十里之中量地廣狹分為二十
七團每團選其丁夫壯健者四百五十人或八九十人通計之
可得三四千人糾之以長統之以官時其訓練暇則歸之於農
有事則召集營堡籍其名不終身用以為兵給其口食使各同
團空閒稍有力人戶量為津貼拒賊之日餱糧兵械有功賞賜
官府厚為之處人既知戰見賊不畏親上死長之心孰不愛其
父母妻子愛其田疇廬舍出死力與鄉土捍哉近日犁鋤小民

遇零賊在野奮力與敵每殺賊數人累可見也使各郡邑盡為團結不務虚名務求實用何至賊勢滋大倉皇告急徵七省之兵重壓三吴坐食縣官大費公帑若是不貲之可慮哉先民有言曰鄉各有兵人自為戰可以省召募之錢可以省客兵之費可以垂永久之利臣愚故謂團結鄉兵便也自一方而他方可知也急則大為聲討厚集諸路勁兵權宜之術也

三曰審形勢按海防舊制嘉興鎮海等處官兵貼守金山地方遞觀今日賊來之路犯嘉湖杭蘇四府其登岸皆自青村南滙一帶其出海皆由嘉興松江則知東自乍浦西至吴淞江三百里

内為浙江南直隷諸府之門戶較然甚明今南直隷有偹倭都司浙江有叅将聽父老之言官府之議宜令偹倭駐劄南滙兼督乍浦叅将駐劄乍浦兼督金山聲勢之相聯絡策應之能犄角視形相制而其勢便也又各要害府分固嚴封守勿以賊一過境視為他人之事使分彼此致有踈虞統兵官員遇賊一至夾攻交擊並唇歯之相救援而賊在套中並腹背之皆受敵豈復昔日徜徉如入無人之境哉此防禦大較也賊舍舊路或来自外洋其在常熟則福山港為要賊至必由而以三丈浦為窩其在江陰則斜橋為要賊至必由而以蔡港為窩地皆空虛無

兵常守况去縣窎遠約束不前事有當因當革。官有宜設宜添。又在當事之臣酌量周至次第奏聞可不出形勢而略覩其一二矣

四曰明官守。漢史稱守令者。爲民之本。興利除害。唯所行之。宋臣范仲淹奉天章之對六曰。利而不興則國蠹。害而不除則民怨生民愁苦。群盗漸起。皆由官失其方而致之然也。今之爲郡守爲縣令。其居上等者。見事聰明。檢身潔白。豈不皭然可觀。獨其心不肯近事。蓋近事則自城郭以下有廢墜之當修。有豫備之當計。謂其擾民而生事。畜疑而召謗。一切置之不問。徒以齪齪

細文。坐獄高譽。不知利在於民。經營制置。始若為煩。實所以安而利之者。因循不舉。自愛之私。不肯自撤。賊至而無寸鐵之利。民饑而無粒粟之儲。一旦告急。何以待之。平居無事則得賢名而去。不幸多事。則敗壞四出。極力支撐而難收。此勢之所必至者也。即今百姓流離。半死於盜賊。撫其瘡痍。修其刑政。則凡積穀以待荒。兇餉備以謹不虞。皆守令事也。勢異往日。政宜更新豈得復循故轍乎。

五曰防隱憂。宋臣蘇轍有曰。有外憂。有內憂。蓋言外憂既形。而易弭。內憂隱伏。宜有以預料之也。近日小民在野。避賊無路。臨之以一刃脇其擔負刼貨謂之挑包數十成群絡繹在道夜留賊營或經旬有餘日而始放還酬勞有衣物一二件不當意者即時殺之竊恐無知小民見慣情熟久之不知其為賊饑寒困苦苟利其飲食須臾之養半折而從盜其勢亦易也有司供軍不給百計誅求又於輪點均徭十年之定額中抽一二年徵銀二三萬兩民出無辜而官府以為便法則是民當十年一輪之數而今已期迫至七年矣小大之民當此兵荒之際生理日蹙閭里蕭條周禮所謂野荒人散良可慮也有司職在牧民奉宣德意寧可不厚為之輯乎臣愚故曰隱憂之當防也

海防善後事宜疏

宋儀望

臣聞兵法曰制敵之道勿恃其不來恃吾有以待之頃者倭奴連艅入寇臣與巡按御史邵陛兵備副使王叔杲副總兵官黃應甲親在行間然後知制倭之道在乎據形勢嚴分布審强弱定賞罰則倭奴雖兇狡驚桀未有不可預待而制之者昔臣所轄兵力單薄舡隻數少不能一鼓盡殲大収功成此則臣之罪也臣又詗訪倭情明歲大舉雖未可知而防禦之法不得不預臣反覆籌度大抵今之備倭其患有三十數年間閩廣浙直竭兵力以拒遏之俘馘之歲費糧餉以百數十萬計然其為患卒不能止而又不能遽處此其故何也夫倭

奴遠隔海洋浙直閩廣數千里間皆擾海為守自倭奴入犯熟諳內地每歲窺犯駕風凌濤倏忽千里隨其所嚮莫非入犯之路非若平陸尚可詗探遠近以便防禦其為患一。夫制敵之法在審所因倭奴為患患在中國奸細與倭交通其後奸民多方騙害失倭奴心甚或激為仇殺以洩宿憾然未嘗敢蓄異圖以貽大患當時計議之臣慮生他變乃一意禁絕之凡發覺者罪在不赦倭奴時負辱毀抵寧波等處悉為奸人所負怨入骨髓王直徐海等遂乘機教引聚衆入犯故至於今中國之禍不能止也其患為二。往歲奸民勾引其為害止於利取財物而已自倭寇內犯前後截殺死傷物故亦畧相當詗知彼中部落既亂地多荒蕪頃年倭奴竊犯浙直利在搶捕漁人歸至彼中貨取厚利以供耕種今歲則又連艅入犯意在大掠雖被我兵截擊然被擄脱逃者亦不為少夫捕漁之人皆浙人也身既在彼心則無日不在父母妻子故一人往則添勾引一人況被勾往者十百數千乎臣恐浙直之間倭奴為患不能止也其為患三夫是三者為患謀議之臣孰不知之亦孰不能言之然不能遽處何也臣聞情欲之際父子不相禁今中國奸民利倭奴所有倭奴亦利中國所有此其情至易見矣而所以不能遽處者則惟勾引之患不能止也臣無暇論閩廣其在浙直郡縣羅列分城而守雖有奸民無敢犯禁然濕

台寧波沿海居民以捕漁為生禁之則慮他變縱之則歲為倭奴擄掠被虜既衆則勾引日多其朝夕積謀惟恐倭奴之絶意内犯也以此知勾引之患決不能止而閩廣浙直之間海上防守臣竊以為不能一日懈也卷查上年十月間臣將經畧江南海防事宜逐一查議條為五事荷蒙皇上俯從部議悉為施行續准兵部通查閩廣浙直海防踈密强弱之狀備言倭奴蓄志已久防守之計不宜漫然決事且江南兵力单弱尤當亟為整理移咨到臣臣通行查議去後今該兵備副使王叔杲會同總兵官黄應甲復將善後事宜逐一欵開具揭到臣委為詳切除議處兵餉一節係干地方難處事理容臣會同

巡按御史查確另行外臣乃忝擾條畫傳採見聞開列前件塵瀆天
聽倘蒙勅下該部再加查議亟賜施行臣愚不勝幸甚地方幸甚
一增設遊兵以定邀擊江南沿海自狼福北至金山四百餘里一
望洪濤絶無島嶼可泊月師近年倭寇突入勢必登岸故江南
防倭必以阻截外洋為上策今歲抽選各路雙槳唬舡選置遊
哨慣經海道如名色把総江應晴及中軍指揮張肇慶等令其
遠泊蒲嶴陳錢馬蹟之外其地為浙直交會之區倭奴必入之
径分擾形勢以俟邀擊遂爾成功今議遊哨兵舡必須增設請
於水陸常官之外添設遊兵把總一員查江應晴蒙補柘林把

捴緣本官熟諳水戰乞改充遊兵臨期選委名色哨官六員部領水兵俱聽把捴調度每年三月初旬令徃蒲嶴駐劄南哨陳錢馬蹟東哨黑水落華西哨洋山聖姑但遇倭舡出沒相機勦截如或倭勢衆多飛報捴兵官遣遊擊督發巨艦水師隨向策應務期殲之初至乃為計之上也

一定舡䑸以便調遣。遊兵把捴既設當加募沙舡增造唬舡各四十隻輪撥福蒼大舡二十隻每五隻為一䑸每䑸福蒼母舡一隻沙舡二隻當寇未至俱傍福舡以便各兵休息有警則遣唬舡出洋遠哨沙舡繼之葢倭奴慣用小舡兩傍分駕十櫓搖走如飛此中與鬬利在犂沉非沙舡不能但沙舡頗大即雙帆乘風追莫能及今制唬舡亦用十槳其行又疾貯裝百子飛砂等銃火箭火炮等項夾追放打倭舡每見火器攻急不能搖櫓沙舡即可追上因而夾擊成功如遇倭奴撐駕大舡則以福蒼舡衝之可以百戰百勝但歲用沙舡數多此中錢糧缺少勢難打造民間自造前舡最稱堅利往年官為僱募既豐其財又募其家丁者民親身應役槓具器械無不精利官無造月之費港有應敵之師最為計之得也近因兵餉裁縮募價減省官司別募多方規避惟以朽舡鈍夫應數雖云分布信地並無益於邀擊

也今歲臣備知其故乃令道鎮䂓選舡隻家丁加以厚犒懸以
銜銲重賞故遂藉以成功今議僱募沙舡當照依民間採捕黄
魚僱直每舡梁頭一丈四尺者給與銀三十两每舡用兵夫三
十五人聽以家丁應招舡價口糧皆許預支不煩追呼民爭嚮
應汛畢仍令歇班以省冗費其舡兵有功者照例給賞舡户有
材者查核優獎仍與冠帶哨官名色有功願紀錄者一體類奏
陞授且身舡既役於官則徭役税糧俱應照例豁免如此則人
皆樂赴而事功易舉矣
一聯陸兵以防流突。外洋既有遊兵内地分汛已無可虞但沿海

一帶自吳淞至金山三百里間實鎮山沙南滙青村柘林各相
去五十里皆臨據大海隨處可登而青南二所更當其衝往年
倭寇入犯此為巢穴即今歲突至仍在其地先年各設把總一
員統領重兵分守益重之也海上承平兵餉減少將青南二總
裁革止留募兵百名相兼軍士令本所掌印千戶領之而分屬
川柘二総提調但千戶多係庸材不能轄束軍士而把總力弱
駐城罔顧提調兼職以致險要空虛策應踈虞今欲議添官兵
則糧餉難處近該総兵官奉臣牌清查各衛所隱射買閑勇健
軍舍已不下二千餘名其在青南者該新推叅將陳習舊署一

印多方教練遂成驍兵昔年首破倭鋒近日又殲突寇既屢
試驗今議各挑選五百名着伍聽臣於閒住將官或指揮內有
才局者選委各一員專司訓練與川柘二総分作四枝叅將於
汛時移駐南滙教場內計處營房把総等官各帶所部挑選精
兵赴營團操。教以分合聚散之形。熟其首尾聯絡之勢。大小汛
期総兵官仍將吳淞陸兵分番哨守則南可以策應青村柘林
北可以聲援川沙寶鎮其金山雖係重地沿灘沙淺寇舡難泊
止令原留官兵沿塘廵哨本衙官督兵城守萬一有急。則叅將
調兵合剿朝發夕至庶海塘氣脉聯絡。而各堡形勢不孤權歸

一而衆不渙矣

一嚴軍儲以時支給沿海衛所軍糧舊時虛額頗多每遇撥派勢豪奸民多方夤緣與得肆其拖侵積棍刁軍設法私兌悉以歸其包騙倉厫空虛軍士枵腹其積弊蓋已久矣臣牌行該道查實在軍數照數派徵餘皆扣充兵餉嚴限運納顧有司積習已成奸民夙弊仍舊雖屢經懲究而逋侵如前今議各州縣每歲秋收之後將本色漕糧軍儲一概徵完在倉防海官預將各衛所官軍姓名點定候漕糧交兌之後兵備道預行州縣印官聽海防同知兼同各衛掌印官將設立號單許令各所官軍相繼

往兑每米一石量加脚價一斗三升以充僱舡搬運之費官軍報運到倉海防同知公同衛官掣単驗收如此則糧長既免盤運之劳奸民自塞逋負之計刁軍永杜私兑之奸每月給放仍照臣案行事例先期呈請號紙唱名散給則海濱孤城俱獲充實而汛米亦可免於收買矣

一廣賁格以需将材竊照人才自古為難将才尤不易得舊例推陞将官止於指揮曾經保薦者後漸推廣至千百戸自海上多事以来始有名色把総之例葢拘攣常調則韓白何由致身破格廣求即屠釣亦足樹建自此例行而南北疆圉乘風雲以樹

奇勲者歷可數也但先年請有部劄有功者呈請填給後因部
劄不便軍中自得便宜委用以致鑽謀多端名器太濫物議沸
騰引嫌概棄不得已選用世官使世官材則亦何事他求但紈
袴多柔脆之夫闒茸鮮上進之志不得不旁搜博採以圖濟事
功也今後領兵領哨除世官有才可用照舊委用循資舉薦外
至於草野行伍之中有素負勇略熟諳韜鈐技藝者各将官收
錄軍中試驗果當聽兵備官會同總兵官指實呈請聽臣參酌
成規方許給劄授以領哨等官俟著有劳績又授以名色千總
把總如果才堪統領屢立戰功方行舉實舉薦與世官一體陞

用夫收録在將。則因舉用而見將領之賢。甄別在臣。則收事權而革濫用之弊。如此則真才既收於愽採而倖進者不得以覬覦矣。

一聯浙直以定合勦。照得倭寇之來必由陳錢等處視風色以為入犯之路我舟師欲邀擊外洋勢必趨聖姑蒲嶴等島而浙中兵舡俱亦駐泊於此若彼此不聯氣一心未免對舟為敵國矣預乞本部移咨浙江軍門每當春汛先期會約嚴戒將士不許無端啟釁遇有倭舡合腙同擊如敵自分吴越爭奪首級者俱不准功則彼此同心聲勢益壯倭寇自平矣臣又看得倭寇之来必於小満前潛伏海島伺掠漁舡近日奸人教之每歲将搶去鳥嘴漁舡照例張網内藏夷人外襍漁人以致漁舡不復隄防兵舡難邊邀擊今歲入冦未便全獲其故由此且瀕海之人以漁為業誠難禁絶併乞移咨浙江嚴禁捕魚舡隻定限小満與大腙漁舡一齊出洋不許零星越捕以中倭計仍行温台寧三處遇當出海捕魚止許改用黄花挑精等舡如敢違禁仍將鳥嘴舡先期私捕者許官兵即拿究觧腙内仍有鳥嘴舡隻許官兵徑行攻打如此則倭夷既不得伺掠以逞奸而我兵亦易於辨識而奮擊將来嚮導自絶更無侵擾之患矣

一嚴鄉甲以固人心。沿海要隘雖各設有陸兵然海岸延長僻民竈襍居茅茨相接若不團練鄉兵申明號令卒遇寇突入無固志奔走張皇而內地便為震動今各地方已編立保甲合無照臣經略防禦議於保甲內擇有身家者立為團長挑選壯勇置造器械時常練習每當汛期海防官親往犒賞遇有聲息協助官兵分布海塘如有斬獲一例照格給賞團保長有功頒紀錄者一體彙奏陞授至崇明一縣孤懸海中居民散處各沙兵舡防守有限臣已嚴行該縣操練鄉兵人自為戰萬一寇勢猖獗力不能支飛報撫兵官調兵協勦庶兵勢聯絡而隨處可制

勝矣伏乞聖裁

興革事宜詳　　　　楊旦

一召土兵以資戰守。卑職於上年八月十二日到嘉定任正值兵務冗劉晝夜奔馳惟以滅賊為念嘗見調到客兵雖經戰敵而遇賊輒潰徒費供億及聞沿江沿海巨室大家儘有好漢未得為用自九月終賊退兵撤職始稍暇躬詣沿海直抵賊巢地利險要亦頗有知羅集父老子弟諭以與賊不兩立江東無久棄之理民皆疾首感泣咸有寢皮食肉之願葢昔年承平既久一聞賊至望光奔潰今經亂已久正人思自奮之時。鼓舞有機因勢利導之曰。議得土著之兵其利有五。不妄擄掠。不妄剎戮。其利一也。熟知地利遠近路徑盤曲。其利二也。風氣相宜無水土不服之患。其利三也。各兵不困於奔疲。官府不苦於接應。其利四也。中有驕悍不律者縣官亦得以法繩束之。其利五也。有此五利而亦有一患此等土兵恐有無籍棍徒無事則請糧着伍一遇事變率多逃亡官府苦於勾捕生民煩於騷擾而於戰守實用亦未有資卑職深知其弊乃號召江東江西大家巨室先籍其姓名量其平日財勢大小或可出十人者或可出二十人者不拘奴僕隣佑凡年二十以上四十以下有父母妻子者各令報名在官記其年貌不許更換若有逃亡責歸其主則我之所執者簡而有要彼之所統者繁而不亂五利兼得而亦可以免於逃亡之患矣隨經行令耆民沈燭等共報一千餘名已有五百餘名現在但久練之餘精兵自出重賞之下乃有勇夫緣各兵安家銀兩日逐口糧未有措置緣係召兵戰守事理合具詳請示

一高城堞以杜防守本縣城垣雖係新造堅固但嫌低矮未稱金湯周圍計該城垛三千六百三個今議補加一垛之高險乃足恃每垛約計磚灰匠工銀一兩六錢先該本府通判查將有罪

犯人某等共罰垜一千一百六十一個及本縣自問犯人某等十五起共罰修垜四百零九個俱各責限辦料興工築砌外仍有未完城垜二千餘個及議增造敵樓十六座每座估計工料銀六十餘兩緣無錢糧見今設法措置候事工就緒另報

一造公舍以藏軍器。切照禦倭之具必以器械為先卑職設法收買火藥弓箭及鑄造銃炮刀劍大斧等類器械在官但無收貯之所恐致散漫難稽議將縣堂西邊隙處建造樓房三間名為軍器庫仍於徭役審編庫子一人庫夫一人責常守管應器械無遺而緩急有備合行開報一清應付以免科索。查地方偏僻近以軍興多事公使員役絡繹往来應支庫給口糧下程之類原有規則但各差来官舍人等守法者固有而貪婪無耻實多每口糧一分不照止該給米三升折價不過三分而已却乃多方刁詐凌逼管辦人等每一分勒要一錢一錢則勒要一兩稍不遂意捉縛揪打無所不至以致承役之人不勝倍苦含泣奔告無可奈何今欲議将應付口糧等項俱照規折銀一分一封預先用印收庫但遇往来公使人員當堂照批給與如此既不煩於守候支取又無累於折算虧賠縱有貪惡之徒當官給散雖欲勒詐似不可得如有一日

内往返重冐支食者聽從查究緣係清理祗應事宜伏候詳示
施行

一除大盜以寧地方訪得本縣二十四都有地名牛角尖者與太倉州二十等都接壤又僻近海沙人皆負險素號兇黠不事生業惟以暴掠為計往時潛形異面晝夜行刦尚有畏法之心數年以來弱之肉而强之食善良不能安其生遂致互相勾引或以數十為群或以千百為党十家九盜糾聚成風殺人放火白晝公行為害非止一鄉流毒徧及四境人莫知其人莫敢攖其鋒縱恣既久禍害已深況其党與日衆聲勢日張民無寧居官

無善治卑職議欲設法招安恐無良之輩未必革心欲為勦擒
之計恐不軌之徒勢難輕動伏候憲裁必加撲滅庶地方獲寧
民生攸賴

增置兵舡議　楊　旦

竊照嘉定地方惟吴淞大江為倭冦往来出入必由之路由吴淞口
延袤而南則自老鸛嘴以至寶山南滙金山等處由淞江口迤邐而
北則自深淘港以至黄窑劉家河等處由江口而深入則南進五十
里即為黄浦直至上海城下由黄窑而登岸則嘉定太倉崑山蘇常
皆聯壤數百里隨地可到吴淞江者南為上海拒賊門户西爲蘇常

護外藩籬乃東南第一險要之地俻吳淞者即所以俻華上也俻華上者即所以俻蘇常也然俻倭之策惟福舡最為得用但海天遼濶瞭哨難周地里綿曠防禦不密況戰艘寡少兵力单弱擁衆之寇數倍於我昏雨零至之賊投其可乘是以竭力捍衛終難成功為今之計惟多造福舡多募福兵為第一義耳福舡須得四百餘隻福兵須得四萬餘人以吳淞江為老将福舡分為四班以一百隻屯泊吳淞江以守老營以一百隻哨至寶山以南直至高家嘴等處以一百隻哨至高家嘴以南直至陳錢馬蹟等處以一百隻哨至劉家河以北直至福山狼山等處此往則彼来彼往則此来絡繹於數千百里之

間皆為有偹聯屬於烟波遼曠之中亦寡空隙擁衆之寇合力抵禦零至之賊隨遇成擒此計之得者也總使瞬息倏忽之間風雨昏黑之夜難保盡無然江口之守既周賊或登岸泊於寶山七八團等處則內有黃浦一水之隔彼不能長驅我可以設偹猶不能遂為內地之害也若株守吳淞不為分番出哨之計未免顧此而失彼若直守馬蹟不為反觀內顧之計未免慕遠而潰近此皆前事之可鑒者也由今言之吳淞一江止有福舡三十餘隻併蒼沙等舡不滿百隻近蒙調到廣東烏尾舡二十餘隻方與福舡合䑸氣勢頗振詎意七月十二日恠風驟起波濤翻滾烏福等舡盡行打毁非常異變自古所

無即令更無一舡可用水兵六多散逸江防之患實有可憂伏乞即刻遣官速往福建等處多造福舡多募福兵刻期發遣定限明年正月內到港庶保地方無虞緣蒙牌仰從宜處置事理理合詳覆伏乞照詳施行

酌時復古議　　楊旦

為酌時宜復古制以圖久安長治事竊照倭患之興已四五年變起倉卒支吾目前徒為應時之急務未有久遠之良圖是以將雖選而無定員兵雖募而無定數糧雖辦而無定額今年已不可支矣倘明年尚未息又將若之何夫不酌時宜則迂不復古制則踈恭酌時宜

之中漸圖復古之制而後東南之事庶幾其可永安也查國初備倭之制浙直等處立有水寨照依下西洋事例水軍銀糧之外每月又有行糧五斗每年三月三日出洋哨守九月回港如臨山觀海之水寨則設於月山等處定海昌國之水寨則設於普陀等處今雖久廢遺法尚存父老傳聞尚得而知也其吳淞止有旱寨二處一設於寶山一設於南沙今皆久廢其吳淞江劉家河福山港亦各有兵舡十隻出洋哨守後以倭息奉革月糧造舡價銀亦作別用是以舊制湮沒遂不可復也夫百年湮廢之制欲一朝復之誠亦甚難但不復古制終非善道徒事目前何為永圖夫更張有漸則民不驚準今酌古

則事易成為今之計一面將現在福舡蒼舡沙舡分地哨守以了明年之事一面考求古典查復舊規乞將浙直沿海衛所正軍盡數查出照舊奏加月糧以一半守城守港一半駕舡出守水寨今年守城者明年出哨更換以均勞逸其浙江水寨訪得殿前山三爿沙皆可泊舡堪為水寨若以海寧乍浦金山等舡專守殿前山隨潮往来出哨至南山則可以遏南来之寇以吳淞江劉家河福山港等舡專守三爿沙隨潮往来哨至馬蹟則可以遏北来之寇今各舡僱募水兵糜費糧餉甚多若以現在福蒼等舡除舵工識水者仍留在舡餘皆革去即以各兵分補之則費少而可久若寇自南来則歸罪於定海

普陀等官踰蘇州洋而北則歸罪於乍浦金山等官寇自北来則歸罪於福山吳淞等官其各軍出海糧餉必須預給方可安心哨守一年口糧止得一二月各軍不能存生去而為商賈為匠藝營伍空虚遇變無恃今後州縣徵糧必須先觧軍儲後發兑軍應時給予方可責其成功其選將必使有定員糧餉必使有定額叅酌計度立為畫一之法使永久可以遵行庶幾事克有濟章句書生不識時務謬陳一得之愚伏祈採擇施行

呈諸臺揭　　　　任環

即今浦東之寇尚有三千焚自結巢勢益必死此當慎重圖之而不

可易易視之者也今冬之患本自可虞而來歲之防尤宜深慮調來客卒僅足五千而弱脆不堪又居少半審形量力察彼知已所謂戰不足守有餘者也督之過浦則主反為賓屯之重地則以静制動得矣較然不待明者而始知為今之計宜於華亭上海嘉定等處各屯一枝休養訓練使虎豹之勢隱然在山仍選地方輕兵及山東箭手零擊勾剿多方誘撓迭出更番使彼不得安息賊計窮困必將四散突衝然後乘機督發客兵擊之不出則守之但令內地無虞不妨遲以時日此則寓戰於守制人而不制於人萬全之道也若狃於近利急於成功率方至之兵攻必死之寇犯深入之戒寡持重之謀萬一

虜則來年之事去矣夫川兵之後猶有湖兵湖兵之後更將何繼此本道之所以日夜憂惕而一息不能自安者也伏乞毅然主張乘機後動去東南之積滯復天下之太和則國家幸甚生民幸甚師出在邇兵行尚謀言出血誠不敢隱諱請乞鈞裁

與右轄胡柏泉　徐長谷

承問及國初取太湖之策自大錢港由毗山而入此用奇之算也今大錢已設立巡檢司以守其潛透之路惟大錢之北地名小梅港雖小縮於大錢而為要路則一也有事時必先築塞小梅專守大錢斯為長計大率邊河僂港共計三十八惟大錢小梅為大故餘皆置閘

而二港獨不置以其深且闊也然以備倭之路言之則別有說湖之南境德清為要故唐末之亂辛敬順築城於金鵝山以守侯景之亂右軍沈恪據東主山以守二山形勢可據至其入湖之間道則石門皂林可通烏鎮雙林近來丙辰之亂二鎮罹其毒以石門皂林透入故也石門之透入者又由於嘉興之守不堅也雖然此特形勢耳倭人陸戰往往不敵者以其善擊刺也今衛所之兵所習者不過疊陣法疊陣法者堂堂之陣整整之旗止於坐作進止所謂不過五步六步七步而止齊焉不過五伐六伐七伐而止齊焉兵之正者也倭人跳梁輕捷設伏用奇而欲以正兵應之未有不潰敗也故當以正兵

而結營。以奇兵而取勝。蓋澤國以舟航為馬。以火藥為弓弩。至於登陸則以長鎗為短兵。以小伍代陣法。長鎗可制其衝。小伍可截其路。散隊港口。遇敵成擒。往往收功。蓋以是也。倭夷所以棄柘林而趨乍浦者。實畏南滙之制兵也。更得良將撫機合變。設三覆之法以臨之。何敵之不可破耶。區區條答。惟公採之

復蔡可泉中丞書　徐長谷

蒙訪邊事。謹修短疏上答。至情切以帶方之南諸寇狡黠恣橫者。惟倭為甚。而倭之尤變詐者。惟對海州為甚。今之擾我邊疆。即其人也。日久途窮。大兵四集。其生變詐益甚於前。而我師烏合。將領無權。不

呂

能驅之力戰且其地多壑谷海塘偪窄加之茅葦充塞進路甚且軍中不識向利不知風候天意轉動甚微不知趨避如近來東風適月即此後之噓氣戕無轉召之機人情氣怯之應也今之為計兵不用多而用精將不貴猛而貴算撫機不熟應用實難設變入神風雲俱應所謂運用之妙存乎一心者也安慶兵與處州坑兵以地勢熟示之從北路而入少林僧兵從西路而入董知縣一軍從東路而入其餘諸軍韓闔統之結營於十里之外為之聲應以設奇置伏為取勝之用凡見小利只思敵餌不可輕趨縱有小失反設疑間不可自却其所用嚮導恐為賊黨須加審察近塘茅草此時已可放燒有蘆葦

處令防海軍人及土著百姓隨軍樵伐彼必無計應我惟以泥水作滑篾刺作梗二計可行耳倭刀犀利質本剛脆所畏者大片毛竹擊之即折以狼筅竹篙應之亦所宜也其所長善用奇伏每一軍必分數隊多者不過十人彼此策應為上也更須曉示脅從離其党與先歸者宥罪臨陣者混殺近有得其来歸者輙戮以為功絶其歸正之路甚可惡也兵既有緒慎無燒其舟舡絶其窮路此與鬭虎室中相似所殘必甚矣故在兵家尤忌之兵事不易劳神已多更惟自愛以善朝夕

上巡按二司防倭揭帖　林次崖

邇者倭寇自浙江流入福建駐劄三沙將窺諸郡當道鈞牌令有司速備器械火藥多募勇敢之士又令近城郭鄉村搬錢糧牲畜入城以絕賊糧餉此少灣分搬附大灣仰見憂國為民之盛心也蓋聞禦敵必有良謀徒講而寡謀者無濟夫用兵之要有三練士卒也利器械也擇將帥也今欲募勇敢之士未知如何選募欲備器械火藥未知所備何器趙李牧守雁門募百金之士五百人遂破匈奴滅襜襤單于避之數歲不敢近趙邊晉馬隆募能挽弓四百鈞挽強弩九石者三千五百人遂斬樹機能平涼州此練士之法也邇者浙江募兵五澳每兵與安家銀三兩募兵官及捕盜扣尅每兵只得銀二兩

或一兩八錢此皆窮乏不能自存之人顧目前之急不計日後之生死者應之欲賴以殺賊不亦難乎金兀朮起兵海上用拐子馬以取勝偃城之戰以拐子馬萬五千來岳飛戒步卒以麻扎刀入陣勿仰視但砍馬足拐子馬相連一馬仆二馬不能行兀朮大敗此利器之法也今倭長技利刀與利箭鳥銃也未知用何技以制之前年浙江募兵漳泉每兵與銀三兩器械在內聽其自備斬木為竿未置尺鐵青紅白布裹首行裝不辦盔甲俱無此如執朝菌以禦蕭艾有不碎乎今見漳州府日解佛機銃過同不知用於浙江或吾閩但此乃海上擊舟之器陸非所宜夫兵有短長銃砲視弓弩為長弓弩視戈戟

為長戈戟視刀劍為長長以制短短以衛長機銃力至五百步弓弩力至一百二十步賊不久停一百二十步之外須臾即至銃弩無所用而用刀矛矣夫以倭寇之猛悍挾三技之長無以制之於百步之外欲與角藝於劍戟之間原見其難矣以此觀之則器械之不利可見也故曰器械不利以其卒與敵也卒不可用以其將與敵也然有必勝之將無必勝之兵使將帥得人如李牧如馬隆如岳飛何患器械之不利士卒之不精倭寇作禍於今五年總制撫鎮之官不為無人然或去或殺尚未收盪定之功豈非將帥未得其人歟欲令軍民搬移積聚牲畜無貽盜賊之資即古人清埜之法是也然倭寇在海

則月小不敵於我登岸則敵强我受其制若徒撥移積聚無術以制之使得登岸其害可勝言哉以元鄙見當發大舡數十隻分布萬安鎮以塞入興之路發舡數十隻分布晉江圍頭以塞入泉之路發舡數十隻分布浯州官澳山後以塞入同漳之路沿海灣分鄉集如晉江之深扈東石安海南之營前石井菊潯蓮荷同安之大嶝灣頭劉五店高崎馬鑾坂尾白礁令自設備其空缺去處令所在居民扞揮木柵以截其登岸之路須差能幹佐貳官為之處又督鄉民以守之否則難集且為所焚無益也元度當今事勢倭寇五年直浙殘破上越淮揚則江北凋敝其勢必窺閩在閩則泉漳先受其害不可不預

為之防也預防之策宜莫過於元所畫矣元聞前事。後事之師也。乙夘夏倭寇一百六十自興化黄石登岸入駐鎮東海口巡海分巡叅將等官駐劄福清募漳泉打手勦捕殺死都指揮指揮千百户武舉三十員軍民以萬計不能得其要領反增二百二十人以去今三沙之倭數倍於海口莆田仙遊各縣民兵各非選募欲求勝於彼又知其難也嘉靖二年流寇九十三人流刦興泉漳三府莆田鄉士夫子女多被擄掠擄賫府判經歷以金贖田刑侍簡一溪先生時以御史按閩至泉延鄉士夫問計時同安大户葉元忠以任俠坐死繫府獄士夫以元忠薦使殺賊自贖一溪用之賫其家屬於獄元忠募敢死古百人調晉江南安永春安溪德化長泰龍溪合同安七縣精兵各令掌印官領之八面合攻推元忠為前鋒令分巡聶公瑛督兵叅議蕭公端督糧餉又客遣健步吏承兵隸各軍日報進止動息由是各軍畏恐無敢不用命者追賊至德化小尤中圍盡殲之九十三人無一遺者餘寇惴恐不敢復犯漳泉者三十六年且今倭劉三沙前雖解去旋復回還尚當為之備今民間任俠豪傑如葉元忠尚有之執事如欲為預防之策收盪定之功請憲節下臨今鄉之士夫未必無可延問者夫仁賢之智聖明之慮負薪廟廊之語興衰之事將所願聞也

復華亭尹書　　馮侍御

禦寇守城之法士大夫各出群策矣明府亦虛心延訪宜無遺策矣大要不出區區面陳數條一運倉糧以實內餉使公儲無占焚之患城中無食盡之憂一廣募水兵精選義勇以併群力一遠查舊用西北二鄉嚮灘快舡以便水戰此非區區老狂之迂策今之僅議守城者實末策耳孫子曰善戰然後可守今城外之民十之八九城內之民十之一二若棄城外之民之居以資寇則寇坐得民居民食剽掠遠近任其殺害旦攻暮突彼逸我勞坐困城中縱保全之所傷必多城外獨非赤子乎故愚欲合內外以攻賊則勢張其策在專督戰艦

布列黄浦進路鹽鐵塘花泾塘龍華港二三處水口及賊未登岸率水兵善戰者為先鋒義勇民快次其後民兵小舫又次其後一遇賊至併攻衝殺此保萬全取勝若與平敵亦可先挫其鋒若待登岸臨城禦之守之彼已視城外為囊中物視城中人為退縮懦弱若虎視牢中之犬羊猫視匣中之鼴鼠勢在彼而不在我矣如不肖迂狂漫説公輩獨不覩之太倉乎太倉形勢之地內設兩衛講武耀兵更年不替擒賊剿寇殆無虛日今又臨以操江都御史手握重兵佐以欽勅兵憲整飭戎務地利之險兵革之利權柄之專困守孤城一籌難效豈非以弱自畫大勢在賊而不在我哉況水寇登陸已失其險近

聞鄉村之人。手執農器。亦能殺截賊舡。男婦上屋徒手擲瓦。亦能驅走強寇。此無他。齊心併力。勢在我而不在賊。若以一郡之人上得其勢下併其心賊何有於難討城何有於困守乎

海防經略纂要卷上終

海防經略纂要 卷下

會稽章鑰鳴山輯

壻金義方燕山

男徽源自徽 校對

吞江納漢島嶼浮天
欲窮日出驅石幻傳
幅幀內廣纊壤萬年
圖惟約略極目雲煙

洋山

洋山乃蘇松禦倭海道上遊也舊聞此山塗淺不可以泊自惟娘娘廟西南略有泥塗可以暫泊今乃知其不然蓋海州必得山嶼而後可泊無嶼之山不可以避颶風如之何敢泊也洋山乃兩頭洞西北高百餘丈週圍約七八十里形如圈樹其中有十八嶼如一大湖可藏數百艘湖口面北娘娘廟在焉海水鹹不可食唯山嶺有一池泉淡可汲倭舡與我兵舡必艤而汲廟東有巡檢嶼故址山口有一山名陸家市山麓俱白沙如粉非泥塗也邇年當道建議浙直哨舡期會於此交牌信驗深為有見何也洋山南去定海北去吳淞皆一潮

江浙適中之地出定海關勘海防形勝而深有感於天心設險以限華夷舟山諸山者兩浙之屏翰也崇明諸沙者三吳之屏捍也定海海外非止一山舟山其匙爲耳舟山之東北有灌門長塗岱山衢山西北有馬墓兩頭洞東南有沈家門烏沙門石牛等山衢山之東北有馬蹟山馬蹟山之東北有陳錢壁下二山陳錢者中國海山之盡處也寇楫擊空明而來萬里風濤茲無際涯望見陳錢則喜中國將近有山可泊既至陳錢然後分䑸南北若經馬蹟大衢而西過舟山則兩浙受其害不經大衢舟山而向洋山之西迤北行則歷淡水門大七小七西衢寶山北衢高家竹箔二嘴或東北衢三爿扁担二沙

蘇松江北惟其所騁矣

倭情風汛

胡松著海圖說曰始倭之通中國也實自遼東今乃從南道浮海率自温州寧波以入風東北汛自彼来此約可四五日程葢其去遼甚遠而去閩浙甚適若盡其國界則東西也長行可四五月南北也短行三月而皆極於海其西北至高麗也必由對馬島開洋順風僅一日二日南至琉球也必由薩摩州開洋順風七日其貢使之来必由博多開洋歷五島而入中國以造舟水手俱在博多故也貢舶回則徑收長門抽分司官在焉故也若其入寇則隨風所之東北風猛則

由薩摩或五島至大小琉球而乃視風之變遷北多則犯廣東東則犯福建若正東風猛則必由五島歷天堂官渡水而視之變遷東北多則至烏沙門分艘或過韭山海閘門而犯溫州或由月山之南而犯定海犯象山奉化犯昌國台州正東風多則至李西嶴壁下陳錢分艘或由洋山之南而犯臨觀犯錢塘或由洋山之北而犯青村南滙犯太倉或過南沙而入大江若在大洋而風歘東南也則犯淮揚登萊若在五島開洋而南風方猛則趨遼陽趨天津大抵倭舶之來恒在清明之後前乎此風候不常難準定清明後方多東北風且積久不變過五月風自南來不利於行矣重陽後風亦有東北者過十

月風自西北来亦非所利故防海者以三四五月為大汛九十月為小汛其停橈之處焚刧之權雖曰在倭而其帆檣所向一視乎風實有天意有脩者率勝其入冦者多薩摩肥後長門三州之人其次則大隅筑前筑後博多日向攝摩津州紀伊種島而豐前豐後和泉之人亦間有之葢因商於薩摩而附行者葢日本之民有貧有富有淑有慝富而淑者或附貢舶或因商舶而来其在冦舶率皆貧而惡且山城君號令久不行於諸島而山口豐後出雲又各專一軍相吞噬今惟豐後强頗併肥前等六島而有之山口出雲俱以貪滅亾倭葢無常尊定主矣　再按攷琉球在泉州之東海島中國王有三中

山王山南王山北王漢唐宋不通中國明朝洪武初三王皆遣使朝貢自後中山王表朝許王子及陪臣游太學其風俗去鬚鬍黥手羽冠毛衣好剽掠殺人祭神無賦歛不知節朔視草榮枯計歲其山曰高華嶼近福興漳泉四郡界其川曰落漈水至國西澎湖漸低漁舡多漂不回焉

朝鮮高麗交趾安南界略

朝鮮周所封箕子國也秦屬遼東外徼漢皆郡縣晉始自為聲教東西相距二千里南北四千里分八道統郡府州縣其俗柔謹知文字喜讀書崇釋尚鬼男女相悅為婚死三年始葬飲食用俎豆官吏閑

威儀居茅茨衣麻苧有朴儉遺風以田制俸以秔釀酒法無苛條刑不慘毒鎮國者九都神嵩北岳其名山也鴨綠江其大川也貢道由遼東山海關入朝鮮東萊府至釜山浦二十里渡洛東山越海抵對馬島即日本國地方焉

高麗本扶餘別種其王高璉居平壤城唐征高麗拔平壤五代時王建代高氏闢地都松岳以平壤為西京[illegible]八道中曰京畿東曰江原本濊貊之地西曰黃海古朝鮮馬韓舊地南曰全羅本卞韓之地東南曰慶尚乃辰韓之地西南曰忠清皆古馬韓之域東北曰咸境本高句麗之地西北曰平安本朝鮮故地分統郡府州縣高麗之學始

於箕子日本之學始於徐福安南之學始於漢立郡縣而置刺史其
中國之文學被焉後至五代末節度使吳昌文方盛自中國流衍數
千年間然其文皆不免於窘竭鄙陋不足以續聖教者蓋其聲音不
同其奇妙幽玄之理非筆舌之可傳故不相合實上天有以限之也
交趾安南明永樂四年張輔副朱能討交趾由廣西思明府憑祥州
入龍州朱能以疾留龍州張輔率衆度坡壘關入安南境進至北江
府新福縣駐營時彼恃東西都及宣江姚江沱江富良江以為固緣
江樹柵築城亘九百餘里列象陣於城柵內路適西平侯沐晟以雲
南兵至張輔遂自三帶城招市江造舟而進晟軍至洮江北岸與多

邦城對壘張輔大軍合勢先攻取東都西都聞之亦焚宮室倉庫逃入海生擒黎季犛及其子澄蒼等交南悉平設都布按三司撫輯兵民六年交賊簡定又反輔討平之八年交賊陳季擴又反輔又討擒餘党悉降交趾復平晋輔鎮守十四年召還京宣德二年交賊黎利猖獗輔請益兵誅之上不從遂失交趾使輔久鎮於此則餘威足以彈壓殊俗而交南長為中國藩服與雲南等矣失此一機遂致一十二州郡士民復淪異類焉

廣東險要

廣東分為三路東路惠潮二郡與福建連壤漳舶通番之所必經柘

林南澳潮之要地平海碣石惠之要地南澳當閩廣交界在大海中有山田數千畝設兵彈壓　中路嶺南濱海諸郡左為惠潮右為髙雷廉而廣州處其中故於此置省城如東路柘林防嚴則不得泊勢必越於中路之屯門雞栖佛堂門冷水角老萬山虎頭門等澳而南頭為甚如東莞大鵬守兵嚴密則不得泊必由峽門望門大小横琴山零丁洋仙女澳九竈山九星洋等處而西而浪白澳為甚如香山守兵嚴則不得泊必歷崖門寨門海萬斛山硇州等處而西而望峒澳為甚如廣海衛所兵守嚴則如何能泊夫海寇之則來不得停泊去不得接濟濱海居民咸安枕而卧況會城乎　西路髙雷廉

三郡逼近占城暹羅滿剌諸番島嶼森列防守少懈則變生肘腋故高州之蓮頭港汾州山兩家灘廣州灣為南翰保障雷州突出海中其遂溪湛川瀏洲樂民等四十餘隘為三道門戶而海安海康黑石清道并徐聞錦囊諸隘所以合防海與若廉州則尤為全廣重輕海北扼塞故兵符特劄於靈山蓮塹增屯於衛北海寇峒猺外夷之憂視三嶺獨劳焉西南雄郡如瓊州為廉之外戶五指山腹心盡為黎擾郡邑封疆無不濱海若白沙石瓊館頭文昌海安海康對峙番島防禦當嚴舡隻編號寸板不許下海之禁豈可少弛也哉

福建險要

福建八閩之地西北阻山東南濱海設五寨三遊鱗次海外論要害則烽火之臺山小埕之東湧海坛東庠南日烏坵浯銅澎湖之鍾彭山其最險要而迂廻莫如彭湖蓋其山周遭數百里隘口不得方舟內澳可容千艘不比南澳之在海中與內地僅隔一水商舶海賈往來必經漳泉糧食仰給海運若南澳失守是隔閩粤之肩臂而塞漳泉之咽喉也澎湖至內地也遠風順尚有日半之程惟漁舟出沒販海之舟不必經也故澎湖譬之石田棄之可也使為寇巢穴修內地之防嚴接濟之禁相機可撲滅耳蓋八閩多山少田民艱食米福興泉漳四郡濱海海舡運米可以仰給在南則資於廣而惠潮之米為

多在北則資於浙而溫州之米為多故海內单桅採捕民船與販糴於隣境者俱不可禁惟編保甲嚴其查察焉福洋五寨烽火門水寨設於福寧州地方小埕水寨設於連江地方南日水寨設於蒲田縣地方浯嶼水寨設於同安縣地方銅山水寨設於漳浦地方二面當海者興泉是也四面當海者福漳是也而福寧又在東南突出海中如吐舌然其左為甌括海居東面其右為興福海居南面福寧獨為東南北三面之海

浙江險要

兩浙形勝負海論列郡之海口則溫州之飛雲橫陽館頭台州之松

門海門寧波之定海太淶湖頭渡紹興之三江沙門杭州之赭山龕山嘉興之乍浦澉浦此列郡之門戶論海洋之要害則金盤之鳳凰山南麂山松海之大陳大佛頭昌國之韭山定海之月山遠而陳錢馬蹟下八山臨觀之列港海寧之洋山許山皆沿海之簾籠也門戶守而堂與安簾籠守而門戶自固矣

兩浙鑛山

兩浙鑛山共七十三處於潛之金鰲塢猪狏嶺昌化之康山孝豐之俞嶺銅坑山陰之大焦山會稽之神山慈谿之銀山奉化之菩提嶺東陽之西甑山義烏之八寶山西安之銅山江山之仙霞井石獅坑

開化之大尖塢烏哺塢淳安之老山坑遂安之十五里坑泰順之長降尾坑北山坑石門下坑南山坑松陽之箬繚坑小蘇坑際坑鳥坛坑白碧坑黄坑縫尾葉鉛坑浄瓶坑際背坑姜坑遂昌之黄岩坑金雞石下坑焦坑古塘坑古樓坑澤樹攔坑麻竹降坑梭溪坑雲和之黄家畲坑縫尾陰岩坑宣平之礱坑俞高坑景寧之嶺坳坑渤海坑閩州坑下場坑道化坑大洋坑盧茜坑張坑大際坑十八壚坑吴四坑慶元之横岩平岡坑毛洋杉萊坑縫尾牛扼坑白雲洞沿坑黄坑添堂坑縫尾石演坑柱場坑龍泉之温空坑毛坑際坑黄礦井坑崑崙坑烏鉛際坑白坛腰坑前突下坑嵡坑屏風後坑先因盜挖起

釁奉例封禁鄉兵守護此礦冦與倭相結當嚴加巡守者也

往日本針路

太倉港口開舡用单乙針一更舡平（更者每一晝夜分為十更以焚香枝數為度）吴淞江用单乙針及乙卯針一更平　寶山到南滙嘴用乙辰針出港口打水六七丈沙泥地是正路見茶山自此用坤申及丁未針行三更舡直至大小七山東北邊即灘山用单丁針及丁午針三更舡至霍山用单午針至西后門用巽巳針三更舡至茅山用辰巳針取廟州門水深流急舡從門下行過取升羅嶼用丁未針

経崎頭山升羅崎頭俱可泊舡出雙嶼港用丙午針雙嶼港水流急三更舡至孝順洋及亂礁洋水深八九托舡宜仔細行取九山用単卯針二十七更過洋至日本港口打水七八托泥地南邊泊舡又有從烏紗門開洋七日即到日本若陳錢山至日本用艮針行

福建梅花東外山開舡用単辰針乙辰針或用辰巽針十更舡取小琉球　套北過舡見雞籠嶼及梅花瓶　彭嘉山　北邊過舡遇正南風用乙卯針或単卯針単乙針西南風用単卯針東南風用乙卯針十更舡取　釣魚嶼　北邊過十更舡南風用単卯針

東南風用単卯針或用乙卯針四更舡至　黄麻嶼　北邊過舡
便是赤嶼五更舡南風用甲卯針東南風用単卯針西南風用単
甲針或用単乙針十更舡至　赤坎嶼　北邊過舡南風用単卯
及甲寅針西南風用艮寅針東南風用甲卯針十五更舡至　古
来山　北邊過舡有礁宜知畏避南風用単卯針及甲寅針五更
舡至　馬齒山　南風用甲卯或甲寅針五更舡至　大琉球
那霸港泊舡土官把守港口舡至此用単卯及甲寅針行三更進
港内入琉球國中港外開舡用単子針四更舡取離倚嶼外過舡
南風用単癸針三更舡取　熱壁山　南風用単癸針四更舡取

硫黄山　南風用丑癸針五更舡取　田嘉山　南風用丑癸
針三更半舡取　夢伽剌山　南風用单癸針及癸丑針三更舡
取　大羅山　用单癸針二更半取　万者通七島山　用单寅
針五更舡取　野顧七山　用巽寅針二更半舡　但爾山　用
艮寅針四更舡取　亞甫山　山平港口其水望東流甚急離此
山用艮寅針十更舡取　亞慈理　若不見此山用单艮針二更
舡又艮寅針五更舡取　烏佳眉山　用单癸針三更舡至　而
是麻山　南邊有沉礁名套礁東北邊過舡用单丑針一更舡是
正路却用单子針四更舡取　大門山　山旁西邊門過舡用单

丑針三更舡取　兵褌港　循本港直入日本國中

以上係歷代使臣入番之故道

按查今寶山縣吳淞江胡巷口開舡到東洋日本二千四百里約行六十日到山東登州府一千八百里約行三十日到福建廈門三千七百里約行三十五日　又稽沿海從南而北自廣東至遼陽紆縈八千五百餘里徑直七千二百餘里自安南到朝鮮一萬二千餘里

潮候

初一十六午子初
初二十七午子中
初三十八未丑初

初四十九未丑中
初五二十申寅初
初六廿一申寅中

初七廿二卯酉初
初八廿三卯酉中
初九廿四卯酉末

初十廿五辰戌初
十一廿六辰戌中
十二廿七辰戌末

十三廿八巳亥初
十四廿九巳亥中
十五三十巳亥末

潮汛

每月初十廿五日名起水汛又名汛頭自十一日至十八日自廿六日至初三日潮水漸長名大汛

每月初五二十日名下岸汛又名汛稍自初六至初九二十一至二十四日潮水漸縮名小汛

人知潮隨月不知風亦隨潮風遇潮汛大則猛潮時晴和亦有微風颪高浪動其聲激蕩而噌吰此風之為厲海之恒也

舟師占驗

明總兵戚繼光紀効新書云按兵法孫武子曰月在箕壁翼軫此宿者風起之日也向以為紙上陳言竟未之試茲出汛海外占之多驗值四宿而風不起間或有之起則未有不狂大者至於忌俗假托於神雖不可弦然亦多合四宿因擇應驗者俗忌古占刊布俾舟師知所趨避云

正月初二日月在箕初九日在壁俗云玉皇颶二十二在翼二十三在軫三十日又在箕俗云龍神會

二月初七在壁俗云春期颶二十在翼二十一在軫俗云觀音颶二

十八在箕俗云龍神朝上帝

三月初三俗云真武颶又云拔草颶初五在壁初七俗云閻王颶十五俗云真君颶十八在翼十九在軫二十三俗云天妃颶二十六在箕俗云諸神朝上界

四月初二在壁初八日俗云太子颶十五在翼十六在軫二十三在箕俗云太保颶又云龍神干太白

五月初五俗云屈原颶十三在翼十四在軫俗云關王颶二十一在箕俗云龍母颶二十八在壁

六月十一在翼十二在軫俗云彭祖颶十九在箕俗云十二做不透

十八做去奏二十六在壁
七月初八在翼初九在軫俗云神煞交會颶十六在箕二十三日在
壁
八月初六在翼初七在軫十四在箕俗云伽藍颶二十一在壁俗云
龍神大會
九月初四在翼初五在軫初九俗云重陽颶又云九朝風十二在箕
十九在壁二十七俗云冷風信
十月初一在翼初二在軫初五俗云五風信初九在箕十六在壁二
十九在翼三十在軫俗云東嶽朝天

十一月初七在箕十四在壁俗云水仙颶又云冬至風二十七在翼
二十八在軫俗云西嶽朝天
十二月初五在箕十四在壁二十五在翼二十六在軫俗云掃塵風
以上十二個月坐定法也若遇閏正月則看前月大小月大
則同前月月小則移前一日初一初八廿一廿二廿九乃四
宿之日也餘可類推

定各色惡風

雲横日赤　烟霧四塞　日月昏暈　海面浮赤
雲行如箭　禽鳥高飛　天色昏暗　人身首熱

天色衝高　大魚高跳　海水汾濁　海糠多浮
西南星動　海蛇戲水　無風作湧　無雷海響
青蜓多飛　礁頭亂響　凡此各色　風颶異常

逐月風忌

正月忌七八日風乃北風也　二月忌初二北風　三月忌清
明北風　五月忌雪至風以正月下雪日為始算至五月乃一百
二十日之內主此風　六月十二日忌　風在前後三四日
七八月　日南風必有北風報之　九月九日　內忌九朝風
十月忌初五風在前後三四日內　十一月冬至風

十二月廿三四掃塵風

占風

秋冬東南風。雨下必相逢。春夏西北風。下来雨不從。汛頭風不長。汛後風雨狂。春夏東南風。不必問天公。秋冬西北風。天光日色紅。長夏風勢輕。月舡最可行。深秋風勢動。風息浪未静。夏風連夜傾。不晝便晴明。雨過東風至。晚来越添。巨風雨潮相攻。颶風難廻避。初三須有颶。初四還可懼。望日二十三。颶風均可畏。七八必有風。汛頭有風至。春雪百二旬。有風君須記。二月風雨多。出門還可記。初八及十三。十九二十一。三月十八雨。四月十八至。風雨帶来潮。舡傍人難避。端午汛頭風二九君還記西北風太狂回南必亂地東風連夜吼西風只到酉春颶頭起狂冬颶尾更大六月十一二彭祖連天忌七月上旬来爭秋舡莫開八月半旬時隨潮不可移

占天

朝看東南黑勢急午前雨暮看西北黑半夜聽風雨朝看天頂穿日出漸炎炎暮看四脚懸明日必晴天遊絲天外飛久晴便可期清朝起海雲風雨霎時辰風靜鬱蒸熱雲雷必振烈

占雲

天頂早無雲日出漸晴明西邊暮無雲明日必晴明東風雲過西下

雨不移時東南卯没雲雨下巳時辰雲起南山暗風雨辰時見日出
卯遇雲無雨必天陰雲隨風雨疾風雨霎時息日没黑雲接風雨不
可説雲佈滿山低連霄亂雨霏雲從龍門起颶風連急雨西北黑雲
生雷雨必生旬雲勢若魚鱗来早風不輕雲鈎午後排風色屬人猜
夏雲勾内出秋風勾背来曉雲東不慮夜雨愁過西惡風半開閉大
颶隨風至亂雲天頂絞風雨来不少風送雨傾盆雲過都暗了紅雲
日出生勸君莫出行紅雲日没生明朝許晴明雲行砲車後必主起
大風雲變魚鱗天不雨也風顛

占日

烏雲接日雨即傾滴雲下日光晴朗無妨早間日珥狂風即起申後日珥明日有雨一珥单日兩珥雙起午前日暈風起北方午後日暈風勢須防暈開開處風色不狂早白暮赤飛沙走石日沒暗紅無雨必風朝日烘天晴風不揚朝日燭地細雨必至日光晴彩久晴可待返照黃光明日風狂午後雲遮夜雨霶沱上下黑龍風雨相從日暈青色必主大風日暈赤色霹靂兼風雨畔相向天下大風

以上俱叅將沈有容月師占驗

論太白晝見

經云太白晨見東方為啟明朱子斷曰啟明金星金在西日將出則東見註云太白見於日将出時則曰晨見主無風見於日已出後則曰晝見主有大風今俗呼為曉星

論三星摇動

每遇入夜觀於西南方上有星摇動主大風

占海

螻蛄放洋大颶難當兩日不至三日無防滿海浪荒雨驟風狂大海無慮至近無防金銀遍海風雨立待海泛沙塵大颶難禁若近山岸

行細思尋烏鰌弄波風雨必起二日不来三日難抵水上𩖃毛風大難拋東風可守南風漸傲白鰕弄波風起便和熟讀此歌不遭風波

行舡占日月星雲風濤

下七

返照在日没之前臙脂紅在日没之後　星光閃爍必定有風
单日起風单日止雙日起風雙日止　風起早晚和須防明日多
暴風盡日没夜風起必毒　東風急起雲愈急雨起最難晴
春風易於傳報一日南風必還一日北風　春南夏北有風必雨
水際生靛青主有風雨　秋天雲陰若無風則無雨　海
燕忽成群而来烏肚主風白肚主雨
海猪亂起主大風　鰕籠張得鱓魚主風水

水戰備具訓練

按海上之戰不過以大舡勝小舡大銃勝小銃多舡勝寡舡多銃勝寡銃故論戰則陸戰難水戰易然論兵則陸兵易水兵難而海將尤難者風濤狎此善水戰者之難其人也

吳楚楊越之間俗習水戰故吳人以舟楫為輿馬以巨海為平道是其所長春秋時吳以舟師伐楚又越軍吳軍舟戰於江伍子胥對闔閭以舡軍之教比陸軍之法大翼者當陸軍之車小翼者當輕車突冒者當衝車樓舡者當行樓車橋舡者當輕足驃騎（大翼以下皆舡名）公輸般自魯之楚為舟戰之具為之鈎拒退則鈎之進則拒之

漢武伐南越於昆明開池習水戰製樓舡上建樓櫓戈矛舡下置戈戟以禦蛟鼉水怪之害然樓舡戰艦形制之盛不若輕疾之為利張兵威蓄器械以樓舡大艦為先趨便利立功効則走舸海鶻為其用或伏襲而入敵境則凡舟皆可用也三國時吳呂蒙白衣搖櫓作商賈服其伏襲漢得以立功焉

福舡高大如城非人力可驅全仗風勢倭舟矮小如我之小蒼舡故福舡乘風下壓如車碾螳螂每每取勝但吃水一丈二尺惟利

大洋

海蒼舡比福舡小吃水七八尺然二項舡皆只可犁沉賊舟而不能
撈取首級故又有蒼舡

蒼舡最小捕魚者多用之賊舟入裡福舡海蒼不能入必用蒼舡此
舡吃水六七尺水潮中可以摇馳而便快

布城本木城邊城屯兵多用木作城以衛官軍今以布作城亦本木
城之意也

拒馬皷架相似三根一束長五尺徑各一寸五分上用屈鐵頭下用
鐵鑽每一架立地二尺五寸一小隊相接該六架隨在取大木
壓其中

軟壁硬木作架高七尺濶六尺以舊棉絮被掛上張陣前堵鉛彈丁
扳可欄路

剛柔牌式第一生牛皮一層內用好大蚕綿布納一層第三薄桑皮

紙毯一層密擺相挨第四層好蚕綿納布一層蓋裡通用灰布漆油最忌水入坐卧結實

啣枚竹籤四寸長五分濶上書隊甲兵勇畫押油漆掛頸靜砲響各啣枚肅靜代懸枚而用更可查考

鬼箭鐵蒺藜糞汁炒染毒藥戮脚曰鬼箭撒地以為阻路守險之用用貓竹筒去皮蔴不裂長一尺上用木蓋下用原節為底貯蒺藜懸之於腰用時手提撒之於地均勻且速而不結除此皆乖

揷蒺藜不利用矣

飀石用一握竹長五尺繩繫頸竹兜貯石揺勢亠擲而去守城宜用

此圈活掛上打去石發圈落

射法烈女傳云怒氣開弓息氣放箭　又量力調弓量弓制矢此爲

至要故荀子曰弓矢不調羿不能以必中　法曰鏃不上指必

無中理指不知鏃同於無目　大指壓中指把弓此至妙之古

法也决不可不從　馬弓必要開至九分滿若七八分亦難中

也　馬上射把箭須以箭二枝連弓弝把定又以一枝中弦掛爲便其有以箭插衣領內或插腰間俱不便記之記之　箭寧去高而過的慎勿低而不及也　騎射法曰勢如追風目如流電滿開弓急放箭目勿瞬視身勿倨坐出弓如懷中吐月平箭如弦上懸衡　凡射前腿似橛後腿似瘸隨箭改移只在後脚左肩尖直對右脚尖丁字不成八字不就射右改左射左改右　凡射前手如推泰山後手如握虎尾一拳主定前後直正慢開弓緊放箭射大存於小射小加於大務取水平前手撇後手絶　凡射頤惡傍引頭惡却垂胸惡前凸背惡後偃

拳法似無預於大戰之技然活動手足慣勤肢體為初學入藝之門也宋太祖有三十二勢長拳又有六歩拳猴拳囮拳名勢雖別而實大同小異

凡練兵之法非特執旂走動而已要時加訓練先給之恩以收其心繼示之威以振其氣卒有疾必親問視軍有苦必與衆分甘苦共之

凡人之血氣用則堅怠則脆勞其筋骨餓其體膚君相亦然況於兵乎但不宜過於太苦是謂練兵之力

凡兵平時所用器械當重重者既熟則臨陣交鋒用輕者自然手捷不為器所欺矣是為練手之力

凡兵平時須學趨跑一氣跑一里不喘絕好古人足囊以沙漸漸加之臨敵去沙是謂練足之力

凡平時習戰人必重甲荷以重物勉强加之庶臨戰身輕進退自速
　是謂練身之力
凡喇叭吹天鵝聲要各兵吶喊吹擺隊伍要各兵哨聚各番空地擺
定吹单擺開要各兵即挨隊踈踈擺開吹一長聲要各兵轉身照旂
所向轉過　凡打銅鑼要各兵坐地休息　凡吹哱囉要各兵執器
械站立　凡點步鼓要各兵照先樹起旂次發兵行营每點鼓一聲
走十步　凡擂鼓要各兵趨跑向前對敵交鋒　凡交鋒鳴金一聲
即便立止又鳴一聲各兵退還　凡下营定擂鼓立中軍旂是放火
兵出营樵汲掌號是收回　凡打金邊發人探賊塘報摇黄旂賊至

國朝設脩江南沿海墩臺營汛

海州贛榆縣上接山東青州府界海州之地連山阻海為南北之襟要明仇俊卿所謂朐山據淮海之首者也北始贛榆與山東青州府安東衛接壤其海口大者凡九最北為荻水口五代漢乾祐間密州刺史王萬敢擊南唐荻水口鎮即其地也最南小河口與海州相接海州之界三面環海北則興莊獨樹南則板蒲莞瀆東則孔望黑闋均為戍防要地六朝時嘗設重鎮以掣北魏南來之路其東隔海洋相望有雲臺山一名鬱林即水經注所謂郁州者也晉隆安五年劉裕躡孫恩敗兵於此其地周百餘里六朝宋時

僑置青冀二州焉

國初營遷撤雲臺釘塞海道至康熙二十年後始議開復設東海營鎮之雲臺之東北有鶯遊山與西岸孫家山相對夾峙如門土人謂之鶯遊門鶯遊之南有高公島皆防海要衝之地雲臺之北有虗溝營每年東海營分兵防守東海營於康熙三十七年奉裁歸併海州營至雍正二年復設守備今自贛榆至海州均係海州營汛地其雲臺南北及海中諸山島均係東海營汛地凡列汛五十有五自海州沿海而南為淮安府安東縣界

贛榆縣界汛

荻水口炮臺
柘汪口
趙家沙
海臍
宋家口
沙溝村
新竈
小河口
海州界汛

响池莊　林子莊
莊家莊　九里七
馬家村　朱蓬口
與庄口　小盤子
孫家莊　青口
唐莊口　范家口
劉家口　龍王廟
瀆樹浦 以上海州營汛

孔望山
富安
新壩
沙港
東新噇
東寧海
扶山
孫家山
東峽口

黑土関
東官口
六竈
小浦
西陬山
了路山
新港
高公島
馬頭

臨洪
沙頭
板浦
中正
東陬山
蘆依山
出河港以上俱海州營汛
宿城
新灘

大浦口　新縣　隔村

朱藶　西市　以上俱東海營汛

淮安府濱海三縣北則安東中阜寧南則鹽城安東宋漣水地隔河與廟灣相對河淮之流從此入海其地有白陽鹽場團墟七里平望過鑾等河縱橫連絡俱西接官河東入一帆河以達於海俗謂之七條港其東有雲梯關自一套以至十三套前明時大河衛指揮駐防於此蓋河海交會之衝云過大河口而南為廟灣舊本屬山陽縣今為阜寧地宋末李全遣海舟出海口以習海道明築城堡設遊擊及海防同知以協守之廟灣之西為劉莊明官兵敗倭

於此追至蝦子港而遁又有蛤蜊麻線二港為從前窺伺之逕又有窮子港雍正七年新設汛地廟灣之南為射陽湖從新豐市出海之口乃阜寧鹽城二邑交界處明萬曆中漕臣凌雲翼所開濬也鹽城海口三處斗龍港新洋港野潮洋斗龍新洋為五條沙阻塞義舸巨艑猝難出入惟野潮係新添小關子汛地常與掘港廟灣二營會哨巡防其南北鹽場九所自伍佑至四安俱瀕海岸有沙岡南接大岡鎮北接山陽廟灣延百四十里有石礶口為串場河出海之道有捍海堤即范公堤自鹽城至通泰明嘉靖間倭賊闌入官軍據岸遏之賊不能前籌海圖編所謂彼此夾攻逼之使

至湯潮岸可一戰成擒者即謂此堤也今安東為廟灣營汛地鹽城為鹽城營汛地而阜寧則二營分界戍之凡列汛四十有二自鹽城以南入揚州興化縣界

安東縣界汛

王采垛　七套　楊家港

七條港 以上廟灣營汛

阜寧縣界汛

北垛　本套　大套

三巨　塌口　尖頭港

排網港
當尖港
小關子
鹽城縣界汛
新洋港炮臺
沙溝鎮
安豐鎮
建陽鎮
黃土溝

雙洋子
雙港
朦朧鎮
草堰口
大岡鎮
馬家蕩
樓夏莊
南辛野

陷陽子
通洋港以上俱廟灣營汛
溝灣以上俱鹽城營汛
廖家港
大團灣
清溝鎮
沙家莊
崔家莊

石䃮口　　伍祐場　　便倉
新洋港　　岡門鎮　　天妃口
新興場　　上岡鎮以上俱鹽城营汛

揚州沿海之邑二北則興化南則泰州至海安鎮而止興化自石䃮牐以北與鹽城分界有劉莊場明兵備陳景韶殲倭處劉莊之下為白駒場嘉靖三十八年副総兵劉顯曹克新嘗敗倭於此其地有牛灣河東入於海有大東河自草堰北分流丁溪河東北入海自丁溪以下為泰州境泰州营舊有六寨自興化之劉莊白駒而下曰丁美舍在東臺場海口曰角斜曰拼茶在州東濱海之地與

如皋之掘港而下前明嘗設忠孝忠義兩營嘉靖間以倭驚復設海防兵備道駐防於此

國朝改設守備仍屬海防後以文武不相轄改歸狼山康熙十一年添設遊擊鎮其地自泰州以北歷興化至鹽城皆為范公堤捍護之地州東南海中有壺豆洲梁侯景敗走自滬瀆下海欲向蒙山羊鯤以身師直向京口至壺豆洲誅景即此地也有王家港雍正八年添置汛地增設千總一員把總二員駐防中畬竈五木楼地連北龍港益泰鹽二營交界處其沿海東南為海安鎮鎮有城明初常遇春所築嘉靖倭警唐順之修之地居泰州如皋之間東可

控禦海口西可捍衛揚州益要地也今興化為鹽城營汛地泰州為泰州營掘港營汛地凡列汛十過海安入通州如皋縣界

興化縣界汛

白駒場　大團　劉莊場

斗龍港以上鹽城營

泰州界汛

丁美舍港　唐家洋港　伍竈港

黄沙洋以上俱掘港營汛　王家港右哨海口千總頭司把總駐此

五木樓右哨海口二司把總駐此　以上俱泰州營汛

泰州入如皋歷李家堡豐利馬家二場南至掘港營掘港為洪武初信國公湯和經理海上時築舊止設土堡嘉靖三十三年倭入冦廵撫鄭曉奏設把總三十八年廵撫李燧奏改守備統東西二營焉自掘港西南六十里至石港場宋紹興間劉豫將入冦沈與求言海道當防如角斜石港水勢湍急即此石港也如皋縣舊志曰掘港舊制南援石港狼山北救栟茶角斜李家堡但石港岸高潮小舡不可泊間於七八月風急潮高或乘勢可入若栟茶等三寨雖地居肘腋實出掘港之背均非安營善地惟有方前舊址水草兩便宜置砦於此循港而前陳家了川[illegible]等處亦應設兵防汛浩

舉其最險者又有東凌港塓沙橫南坎北坎此尤獨呑大洋之兩頰至於拼茶三寨止堪後應難委前鋒是在當局勝算云今陳家了川腰等巳添設汛守則石港非宋比矣由如皋沿海而南為通州州東為海門明嘗築正場蘆便二堡設大河營於此康熙十二年海門城垣衝破廢縣為鄉其大河營兵調防贛榆即於狼山右營派撥防護海門東汛又東為餘東餘西餘中三鳳

國初餘中嘗没於江今漸復矣又東則呂四場為范公堤所由起串場河之入海從此達焉嘉靖間叅將喬基嘗敗賊於此又東為廖角東北距海南面江滄波萬里諸島歷歷東南與崇明縣相對為

海防極衝之地宋紹興六年王彥以所部民屯通州之廖角即此
通州之南為狼山五峰相連屹立江岸明崇正十七年劉澤清開
藩改狼山大鎮以鄭昌帥之
國朝酌用舊制設副總守備等官後復改大鎮立三營爲今通州為
狼山營汛地如臯為掘港營汛地而泰州則兩營分轄之凡列汛
七十由狼山南對常熟福山是為江海交會門戶之地

如臯縣界汛

甜水港　沙魚窪港　唐家堞港
埃沙横港　川水窪港　東陵港

川腰港　陳家了　灣子窪

大洋稍以上掘港營汛

通州界汛

沈竈墩　歇脚港　大東竈墩

東坦墩　大漾墩　營北墩

泗港墩　潑水墩　舊營墩

宣家垻　中管垻　張家沙

蘆茅嘴　唐洪竈墩　嚴竈墩

東社墩　八里坎墩　周竈墩

新竈墩
青台墩
三生港
五甲港
三里墩
餘東墩
東園墩
八甲墩
天生墩

王竈墩
東洲河
朱牙墩
老壩墩
餘東東墩
戴青山墩
中園墩
舊河墩
十里河 以上狼山右營汛

廖角嘴
坍壞墩
七星墩
五里墩
新造墩
王家岱墩
西園墩
餘西墩

三里鋪　周家油坊　觀音山
小淺沙　大横港　清水港
福星沙　二圩木樓　小圩墩
生水港　劍山砲臺　黄泥山砲臺
花毛港　姚港墩　任家港
蘆涇港以上狼山左營汛

崇明即宋三沙之地周五百餘里孤懸大海四面受敵西北望通州西南望太倉州雖呼吸可通而皆為滄波所隔唐順之所謂天生此一塊土以障蔽南直門戶者也明多倭寇之警嘉靖三十二年

倭擾南沙又明年入野茅港又明年寇平洋沙間一年掠營前沙其明年入水瀆港又三年擾縣後沙其他侵犯不可勝計
國朝順治十年海寇張名振駐泊東阜平安二沙十六年鄭成功擾排沙康熙二十二年周雲龍藏匿月山皆為崇邑切膚之患邑南外洋有洋山凡東倭入寇自下八陳錢山來必於此山拋泊邑北外洋有鶯遊山凡北寇竊發必拋泊於此明崇正中海寇顧榮藏匿其地蘇松道程峋會咨准撫史可法窮勦始平葢皆緊要之地哨探所宜先者也康熙二十八年因江浙洋面盜艘竄入商舶總鎮梁鼐奏

諭旨與浙省分汛洋面以洋山馬蹟山為界馬蹟山脚以南洋島屬
浙省管轄大洋山脚以北洋島屬南省管轄自西至東洋面山島
俱以兩山為準勒碑小洋山為定制焉今崇邑所轄洋中諸山每
出滙頭先至大七小七二山次東行至馬蹟山又東至花鳥山又
東至陳錢山而止餘皆浙界順治十五年設蘇松水師總鎮標下
八營曰中曰左右曰前後曰奇曰左右協康熙六年嚴出海之禁
其沙舡俱收泊崇明內港將八營官兵分泒沿海各汛十四年改
設提督統轄八營二十三年平海寇周雲龍仍改題為鎮復裁減
八營止存四營曰中曰左曰右曰奇分界巡防凡列汛六十有八

崇明縣界汛

北路 永寧沙東原舊臺　永寧沙西原舊臺　三造臺

四造臺　張綱港原舊臺　頭條港一造臺

二造臺　三造臺　盤滧原舊臺

蟶殼滧原舊臺　蟶殼滧二臺　東滧原舊臺

北豎河砲臺　西洪滧原舊臺　保平沙造臺

北合洪原舊臺　外海山前野鵝兩沙 以上蘇松水師中營汛

東南 施翹河南岸砲臺　南洪原舊臺　三條豎河舊臺

顧四房溝砲臺　郁黄狀造臺　新開河西砲臺

東岸砲臺　盤舡河造臺　三條港造臺
蒲沙套原舊臺　當沙頭原舊臺　大套原舊臺
二潊原舊臺　岸滿造臺　四潊造臺
六潊造臺　七潊造臺　新復裡沙以上水師左營汛
東北傑鎮造臺　高頭沙原舊臺　蝦撇潊
小七潊造臺　大花洪原舊臺　陳六港造臺
大港造臺　拳頭港造臺　張家港造臺
北當沙頭造臺　仙景沙造臺　小豎河原舊臺
梅家义頭路造臺　桃皮港原舊臺　天分潊原舊臺

外海大安戲臺兩沙　以上蘇松水師右營汛

西北施翹河北岸砲臺　朱華港造臺　瀾沙套原舊臺

高橋洪砲臺　渡舡港造臺　吴王狀造臺

樓子港原舊臺　邋遢港原舊臺　掘頭港原舊臺

渡頭港砲臺　西阜沙原舊臺　王家港砲臺

大套原舊臺　徐翳子溝造臺　瓶頭港原舊臺

大洪造臺　外海永興沙　以上蘇松水師奇營汛

自狼山而南與常熟福山相對為江海合流鹹淡分界處烽戍相望一葦可達晉咸和五年石勒將劉澂浮海抄東南諸縣以入海虞

此自北而南也唐中和間招討使周寶討周郁於海上郁退保常熟走海陵此自南而北也

國朝於康熙十九年始開海禁設立狼福對渡官舡二十舸二十四年復設海關許民出海貿捕自是狼福之間往来者項背相望其福山戍守始自明嘉靖間総督張經之議既而操江御史高桂春請募水兵萬人屬叅將操練胡宗憲又請添置遊擊為蘇松應援並從之倭寇既平築堡於此

國朝因其舊制自福山東西二墩以西皆常熟界自二墩以東入昭文縣界昭文瀕海之地其浦口之大者有三曰許浦曰徐陸涇曰

白茅港許浦之地自宋乾道以前嘗徙明州之定海軍分兵駐守乾道六年御前水軍統制馮湛極陳許浦要害乞移定海全軍屯此從之自是定水軍七千人置寨於此後寶慶間吳英上建屯之議復分二千五百人屯浦東百餘里之顧涇焉今寶山地徐陸舊本淺狹自田家壩鑿通以後海潮衝齧遂成大口漁舟蟻集鹽舡盜艘亦時闌入康熙四十年間置堡守戍白茅港自明天順間總兵翁紹宗奏置戍兵成化間復立備倭寨嘉靖三十三年海賊劉鑑突入白茅邑令王鈇悉力禦之乃去自徐陸涇白茅出海有海外薛家沙康熙六十一年允沙民所請亦設四墩分兵駐宿以上常昭

之境皆係福山營汛地惟白茅東南養鵝墩至鐺脚墩係昭文太倉交界之地故獨屬之劉河營云凡列汛二十有四過此始入太倉州界

常熟縣界汛

福山東墩　　崔浦墩

繆涇墩以上福山營汛

昭文縣界汛

湫涇墩　　朱墺墩　　海洋塘墩

吳墺墩　　千步涇　　嚴墺墩

許浦墩　周港墩　尾浦墩

張涇墩　徐陸涇　顧港墩

金涇墩　舊塘墩　白茅墩

外海薛家沙以上俱福山營汛　鐺脚墩　養鵝墩

横浜墩以上俱劉河營汛

太倉為濱海之門户自太倉而南過七鴉浦為鎮洋縣界自鎮洋而南過鐂家河為寶山縣界自寶山而南接松江府境其地與海中竺箔沙小團沙相對太倉為元時海運放洋之口帆檣燈火輻輳於此自明嘉靖三十年以後倭冦之警太倉之地兩被攻圍城外

居民焚掠幾盡蓋邑當海衝為賊踪駐泊之的故也劉河營舊為張家行鎮元置嘉定州水軍分鎮萬戸府遂稱水寨明置三廵檢司立烽堠六正統初金山寇警侍郎周忱指揮翁紹宗復議設軍寨焉嘉靖四十五年命設叅将於此

國朝額設遊擊駐防康熙六年鎦河舊城為水所齧城東之地半入於海始議移屯茜涇鎮即今所駐地也劉河之南有顧涇汛係寶山地宋時分許浦兵守此寶山之鎮為吴淞營吴淞向有舊城明洪武十九年築嘉靖間海寇秦璠王艮自南沙乘潮入寇廨舍被焚遂移屯土城以舊城為教場後廵按尚維持以土地難守改甃

磚石謂之新地順治二年
王師渡江總鎮李成棟奉
命南征營建牙於此雍正四年分立寶山縣即以吳淞所城為縣治
與參將守備同城而治其地有楊家嘴為海口首衝順治十八年
立土寨於此寶山者明永樂十年所築以為海舟標識者也其地
在吳淞口之南舊有土城二皆洪武間築正統九年指揮翁紹宗
復建磚城是為吳淞旱寨歲久漸廢後以倭寇之警萬曆四年兵
備王叔杲建議改築於旱寨之北與寶山山麓相距甚邇萬曆十
年怒濤决李家洆山漸坍没城廹於海

國朝順治十八年命大臣蘇宜巡視議汰城撤守康熙八年復命大
臣會閱始題復焉三十三年奉
旨遷入內地離舊城二里是為寶山所城今為川沙營把總駐劄之
地今太倉鎮洋為鎦河營汛地寶山縣為吳淞營汛地過吳淞口
而南自寶山旱寨而北為川沙營汛地凡列汛五十有七又南入
松江府界

太倉州界汛

錢涇墩　陳涇墩　蕩茜墩

高涇墩　鹿鳴墩　周場墩

浪港墩　蔡港墩　雙鳴墩

塹港墩　七了砲臺　七了墩以上劉河營汛

鎮洋縣界汛

楊林墩　陶家墩　大赦墩

新塘墩　潮田墩　丁涇墩

劉河砲臺　鎦河墩　破倭墩

薛境墩　平寇墩　新開河墩

牛角尖墩以上鎦河營汛

寶山縣界汛

大川沙墩　小川沙墩以上鎦河營汛
黃窑墩　五岳墩　徐澤塘墩
司港墩　顧涇墩　薛家灘墩
練祁墩　司港汛　練祁港墩
月浦鎮汛右哨把総駐此　吳木烽　對江墩
胡巷橋汛　江灣鎮汛左哨把総駐此　顧龍浜墩
深淘墩　深港墩　小沙背木烽
東潜墩　深淘港汛　沙浦港汛
楊家鎮汛左哨把総駐此以上俱吳淞營汛

鎮海墩　周家浜墩　張家浜
周江浜　寶山城汛　黃家灣
楊家嘴砲臺　對江墩以上俱川沙營汛

松江一郡三面距海當震澤之下流晉袁山松築滬瀆壘於此以扼禦海之門戶重其防也其沿海之縣自北而南曰上海曰南滙曰奉賢曰華亭曰金山而黃浦川沙南滙青村柘林金山等營或分或併互相應援明嘉靖間倭寇汪直徐海等嘗據柘林爲巢穴綿亘二百里若老鸛嘴七八團之間皆其部落所屯聚華上之間騷然矣

國朝特設提督彈壓其地居重馭輕實為籌海之勝筭上海接壤嘉
寶獨當黄浦之衝最為險要論者謂當守吳淞之李家口以拒賊
上流守黄浦以拒賊横渡為防禦之上策也舊有墩臺十七座俱
在内塘每墩間懸六里以達於南滙康熙二年以内墩離海過遠
聲息難通乃建外塘斥堠廵防瞭望内外相資為他堡所不及今
自分縣以來十五墩以下屬上海十四墩以上屬南滙謂之滙者
本堡地形突出海中如嘴面面受敵海寇分艘於洋山馬蹟之間
遇東南風則此嘴大勒口當洋山之衝遇東北風則此嘴四五六
團洪當馬蹟之衝各堡止防一面此獨三面拒防故謂之滙云南

滙之東北有川沙窪明嘉靖間賊首陳東嘗屯於此由南滙而南為奉賢縣地青村營所駐也營本洪武二十年湯和所建明鄭若曾曰松江臨海者三面金山當其南南滙當其東青村當其東南二面轉屈之會故為衝要其地如横林朝陽廟李家路口坛廟路口牛皮小勒魚秧棚翁家港墩俱稱險要自西袁浦而南入華亭界柘林營所註也有漴缺口為捍海堰險工之地蓋以金山許山聳峙洋面潮為兩山所束直衝漴缺故易侵齧今俱修築堅完柘林所屬如東西袁浦龍王廟草菴漕涇皆要地也自華亭而南入金山界其地東為青南之上游西為乍獨之界限明胡宗憲遣將

王沛沇賊月於金山洋蓋由其地嘉靖中設叅將於此
國朝仍其制雍正四年分設金山縣即其城為縣治凡列汛七十有
八過此以南為嘉興府平湖縣白沙灣汛地係浙江海防之始

上海縣界汛

生字圩墩　呂字圩墩　湯字圩墩
外十六墩　曹家路墩　北新墩以上係外塘
曹家路汛　十五墩　十六墩
十七墩以上係內塘俱川沙營汛

南滙縣界汛

卯家路
大洪墩
殷家路以上係外塘
十三墩
十墩
外八墩
趙家棚墩
黃家宅墩
靖海墩以上係外塘

南新墩
江家路
十四墩
十二墩
九墩以上係內塘俱川沙營汛
宋家棚墩
新建墩
靖氛墩
頭墩

楊家路
外十墩
添設墩
十一墩
外六墩
方家棚墩
董家宅墩
二墩

三墩　四墩　五墩

六墩　七墩　八墩以上係內塘俱南滙營汛

奉賢縣界汛

翁家港　五墩　新四墩

舊四墩　荒三墩　二墩

頭墩　椒墩　大門墩

朱家墩　戚漴墩　横林墩以上青村營汛

東袁浦墩　西袁浦墩以上柘林營汛

華亭縣界汛

陸鶴墩
漴缺墩
漕涇汛以上柘林營汛
西[illegible]
咸[illegible]
金[illegible]界汛
橫[illegible]

周公墩
三岔墩
胡家廠
金山頭
篠館墩以上金山營汛
葛蓬墩以上屬金山縣界
江門營
砲臺以上屬浙江界俱係金山營汛

龍王墩
胡家港墩
東薪墩
金山墩
白沙灣
新廟墩

新廟墩

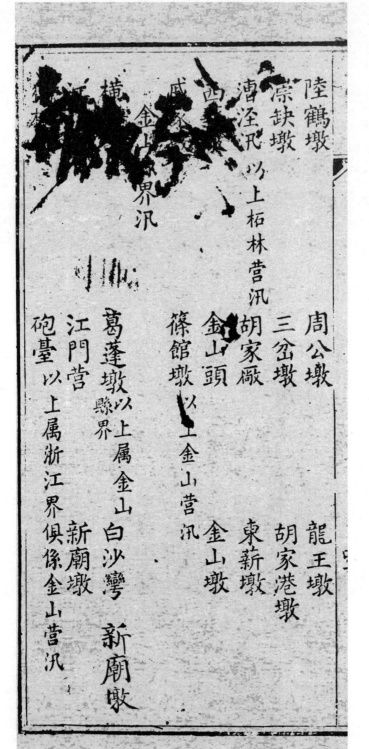

江南下聯浙江福建廣東上接山東天津遼陽沿海通界
江南松江府金山縣沿海下聯浙江之嘉興府海鹽平湖等縣乍浦
澉浦其要口也杭州府之海寧縣石墩赭山其要地也紹興府之山
陰會稽上虞餘姚等縣白洋三江黄家堰瀝海所臨山廟山眉山其
要地也寧波府之鄞慈谿奉化鎮海定海象山等縣大嵩松浦岱山
螺峯甬東月山穿山爵谿其要隘也台州府之臨海黄岩寧海太平
等縣塔山趙嶴陳山長亭石浦鐵場越溪賓嶼蔓嶼蛟湖長浦松門
楚門海門桃渚其要地也温州府之永嘉瑞安樂清平陽等縣玉環
山蒲門三山小鹿沙角其要地也福建福州府之閩侯官連江羅源

福清等縣泉州一府之晉江南安惠安安溪同安等縣興化府之莆
田仙遊二縣漳州府之龍溪漳浦南靖長泰平和詔安海澄等縣福
寧府之霞浦福安寧德等縣福寧沿海與温州接壤矣臺灣一府則
孤懸海外爲其五寨之險要泉州府浯嶼水寨原設海邊舊浯嶼山
外控大小岨嶼之險内絶海門月港之奸後遷入夏門地方興化府
南日水寨原設於海中南日山下北過南茭湖井之衝南阻湄州岱
墜之阨明景泰間移莆田吉了地方福寧府烽火門水寨原設福寧
三沙海中明正統間徙於山寨地方其后官升洋雖添水寨而沙埕
羅江古鎮羅浮九嶼等險孤懸無援漳州府銅山水寨漳浦一縣最

近海嶼水寨有二一曰銅山西門澳一曰玄鍾因玄鍾受銅山水寨把總之節制衹以五寨為名初水寨在井尾灣明景泰間移西門地北白金石以接浯嶼南自梅嶺以達廣東險阨所係非淺淺也小埕水寨北連烽火南接南日連江為福郡門戸而小埕為連江之藩蔽也廣東廣州府之順德東莞新寧香山新會新安等縣惠州府之歸善海豐等縣潮州府之海陽潮陽揭陽饒平惠來澄海等縣肇慶府之陽江縣德慶州高州府之電白吳川石城等縣廉州府之合浦縣欽州雷州府之海康遂溪徐聞等縣皆在海濱瓊州府又孤懸海外而樂會縣則接界安南廣東分三路東路惠潮二郡與福建連壤中

路嶺南濵海諸郡左為惠潮右為高廉雷而廣州中處高雷廉三郡逼近占城暹羅滿剌諸番島嶼森列爲以上松郡下聯浙福廣三省沿海之地界形勢也江南海州贛榆縣上接山東青州府青州博興縣近海樂安諸城二縣沿海武定府海豐縣沿海濵州與利津縣有出海之口登州府蓬萊福山招遠文登榮城海陽等縣與寧海一州俱沿海萊州府掖昌邑即墨等縣併膠州俱沿海過青州而登萊矣登萊二郡突出於海海外島嶼環抱自東北崆峒半洋西抵長山蓬萊田橫沙門鼉磯三山芙蓉桑島錯落盤踞以為登州北門之護過此而北則遼陽矣此天造地設之險也又登萊乃泰山餘絡突入海